ノン・キャリアからの子育て社長術

仕事か妊娠か、いえどっちもと言うアナタに

越原市美

早美出版社

ノン・キャリアからの子育て社長術

仕事か妊娠か、いえどっちもと言うアナタに

contents

ノン・キャリアからの子育て社長術

contents

ノン・キャリアからの子育て社長術

contents

はじめに

妊娠は仕事上のハンデだと思っていた。だから子どもは作らなかった。それが33歳で長男を産み、35歳で次男を産んだ。そして仕事との両立のなかで、私自身が変わっていった。

子どもを育てるために、一時は思いきり仕事ができない時期があってもいいじゃない。それは単なる通過点。私たちが働かなければならない30年という時間から見れば、ひとつの点でしかない。キャリアダウンも、スローキャリアもあっていい。私たちが目指すのは、なりたい自分。一度しかない人生だから……。

女性をとりまく職場環境で、出産しても働き続ける人はまだまだ少数派だ。あなたが、あなたの職場では初めてのケースかもしれない。あなたの上司や同僚も戸惑っているかもしれない。でもきっと大丈夫。組織では一人かもしれないけれど、同じ思いの人はたくさんいるはず……。そんな声をつなげたくて、私は現在の「ダブルスクエア」を立ち上げた。働きながら子育てをしようとする女性をサポートするために。

子どもを産むことは仕事上のハンデと考えていた私が、実際子どもを産んでどのように変わっていったのか？　出産しても仕事を続けたいと思っているあなた、今子育て奮闘中のあなた、子どもなんていなくてもいいと思っているあなたに、心からのエールとともにこの本を贈ります。何かのヒントになることを願って。

第1章　キャリアが妊娠を選ぶとき

キャリアか子どもか

子どもなんて、好きではなかった。大人に向かって思ったことを自分勝手にズケズケ言う。そのくせ手をかけないと育たない。

私は今、自分の面倒を見るのに精一杯で、とても子どもの面倒を見る余裕なんてない。素直なかわいい子どもならまだしも、親を困らせる、私にそっくりな子どもなんか、どんなに頑張っても手に負えない。子どもなんて恐ろしい。

ずっとそう思っていた。

当時の私は結婚して7年、32歳になっていた。会社に入って14年。電話のオペレーターとして採用されたが、ルーティン化した仕事に満足できず、社内の中堅養成機関を受験した。そこを終えた後は、現場での料金徴収および販売を7年経験し、支店でテレマーケティングを1年、東京支社の営業部で部長の秘書兼総務を3年、そして希望の本社勤務が叶って2年が経過していた。

世の中では、超小型ｍｏｖａの発売により携帯電話が注目されはじめ、私の所属する部署が日本初の携帯電話会社として羽化しようとしているところだった。

子どもを作らない覚悟は今に始まったことではなかった。ＮＴＴ本社・移動体通信事業部の分社が決定し、「ＮＴＴに残るか、新会社に転籍するのか」決断をせまられたとき、ＮＴＴの東京支社のほとんどの上司が「男性ならば、可能性を秘めた新会社を薦めたいところだが……、女性なのだから子どもを産もうと考えるなら、環境の整ったＮＴＴに残るほうがよい」とアドバイスをしてくれた。それでも私は「男性と肩を並べて働き続けるのだから、私は子どもを産まない」と心に決めていたのだ。

女性が仕事を持ちながら子どもを産むには、超エリートであるとか、実家のお母さんが母親代わりを買ってでてくれるとか、夫が主夫になってくれるとか、特別な条件が整わない限りむずかしかった。当時は、異動や昇格面談の時に、「結婚する予定がある」とか「子どもが早く欲しい」などとは、おくびにも出せる雰囲気ではなく、それはたとえ嘘をついても避けなければいけないことばであった。

ノンキャリで本社に行くことのできる女性は当時でもきわめてめずらしかった。サラリーマンなら誰しも夢見る本社勤務だった。しかもその前年には昇格もしていた。本音を言えば、やっと手に入れた将来に続くレールを妊娠・出産などで失いたくなかった。年齢を経るにつれ、妊娠しにくくなるとは分かっていても、私には子どもを欲しがる理由、作らなければいけない理由が見つからなかった。

——なぜ、女性のくせに男性と肩を並べてまで仕事をしたいのか？

——女性に可能性はあるのか？

——なぜ、女性なのに子どもを欲しいと思わないのか？

——子どもを産み、退職して平凡な家庭を築くことこそが女性の幸せであり、結婚をしたからにはそうすべきではないのか！

そのように言われ、そのように自問自答を繰り返しながら、私の気持ちは揺れていたと思う。そうしては子どもを作るよう自らを説得している自分に気がつくが、いつも失敗に終わっていた。

今しかない！

「子どもを作るなら、今しかない。」

そう思うようになったのは、すでに本社勤務をはじめて次の異動が見えてきた頃だった。おそらく今度の異動では、営業所の係長のポストが待っているだろう。

折りしも、携帯電話市場は想像を超える勢いで広がりつつあった。業務量の面でも、複数の部下を抱えるという職責の面からも、そして当時はまだ存在していなかった「営業所の女性係長」第一号としても、妊娠するなんてことは許容されない〝とんでもない〟ことのように思われた。

係長の任期は短くても2年、次の配属先に移ってもすぐには妊娠できないからさらに1年……。そんな風に考えると、少なくとも36歳以降でないと妊娠のチャンスは巡ってこない。場合によっては40歳になっても無理かもしれない。そしてその先は妊娠不可能な年齢になっていく……。

そう考えると、妊娠のチャンスは異動前の今しかないと思った。

その頃の私はちょうど、次のステップの自分自身に、そして夫にも、新たに興味を持ち始めていた。子どもができたら、私は、カレはどう変わるのだろう？　今までとは違う自分にも逢ってみたい。自分のためではなく、人のためになにかしてみたいとも考えるようになっていた。

同時に「あなたのように子どもを持たないで出世するのは簡単。くやしかったら、子どもを生んで出世してごらんなさい。女性として家庭を持って、子どもも産んで育てて、それで出世できたら大したものだわ」と言った先輩のことばも気になっていた。

「本当に、子どもを産んだら、出世は望めないのだろうか？　いくら頑張っても、子育てしているというだけで誰も認めてくれなくなるのだろうか？　ならば私が自分のこの身で試してみたい。」

そう思う気持ちも、一方で強くなっていった。

結婚して5年くらい経った頃だろうか。社内で「あなたの夢募集」という企画があり、応募したことがある。私の夢のタイトルは「片手にワープロ、背中にベビー」。内容は育児休職中の女性でも、本人が希望すれば在宅で仕事ができるシステムを構築するというものだった。

応募文の最後に「組合的な問題は生ずるかもしれませんが、私がモデルになることは可能です」と一言添えたのを今でも覚えている。そしてそうこうするうちに、気がつくと私は、「子どもをつくる」方向に気持ちがすっかり動いているのだった。

悲しいウソ

「妊娠してますね。第6週に入ったところです。まだ、胎芽の状態で子宮に定着していないから、気をつけてください。」

「あ、そうですかぁ、へー。」

世の中一般に言われているとおり、生理が2週間遅れたところで私は産婦人科を受診したのだった。生まれて初めて妊娠を告げられたが、ピンとこない。

その日は病院を出て、会社に直行し、上司に妊娠を告げた。上司も同僚も「よかったなー。おめでとう！」ととても喜んでくれた。

これには訳がある。

日ごろから「子どもいないの？　結婚何年目？」と訊《き》かれるごとに「欲しいんですけど、できないんですよ」と答えていたからだ。

当時はまだ、結婚したら子どもを作るのが当然という空気が周囲にはあった。

「もっと仕事のこと勉強したいから、子どもは当分作りません」とか「子どもがあまり好きではないので作る気がないんです。二人で行きたいところにいつでも旅行できるし。飲みに行くのも自由だし……」

そんなふうに答えようものなら、先輩方から罵倒を浴びせられるのは間違いなかった。

事実、「子どもを作る気がないのになんで結婚したの？」とか「出世のために子どもを作りたくないの？」などとよく訊かれた。そうでなくても、やりたい事をストレートにやってしまう私は、あらぬ理由で攻撃されることが多かったので、ならば同情されたほうが賢明と、上手にウソをつく知恵をいつの間にか身につけていたのだ。

就職や昇進の面接のとき、「当分、結婚はしません」とか「結婚していますけど、子どもはつくりません」と言うのと、それはどこか似ているかもしれない。どちらも、女性だからこそつかなければいけない悲しいウソだ。

オメデトウ！　でも涙と不安の日々

長年子どもを持たなかったことで悲しかったことはもうひとつある。テレビや新聞・雑誌のコマーシャルに、あまりにも頻繁に子どもを囲むファミリーが登場してくることだ。

いかにも「男の子と女の子を持つ家庭こそ、しあわせこの上ない」といった感じがにじみでている。そうしたコマーシャル・フィルムを見ていると、子どもはまだ持たないと自ら選択し、決めていた私でさえ、どこか肩身の狭い思いをしたのだから、欲しいと思いながら子どもができない御夫婦にとっては、さぞかし住みにくい世の中だろうと感じた。

妊娠が判明したその日は、家族も上司も同僚もみんなが祝福してくれた。私も、望んだ末の妊娠だったから、きっと皆さんに満面の笑みで「ありがとうございます」のことばを返していたはずだが、どういうわけか、その記憶がない。残っているのは、涙と不安で過ごした2週間の記憶だけだった。

マタニティーブルー!?

妊娠が判ったその日から、不安の種があちらこちらで弾けて飛んだ。

もう、これからは飲み会に出席できなくなる。出張に行けなくなる。残業ができなくなる……。

できないことだらけ。今まで積極的に築いてきた人的ネットワークはどうなるのだろう？　そうした方々とお付き合いできなくなれば、仕事の情報も入ってこなくなる。

みんなが残業しているのに私だけ早く帰ってしまうのも、寂しいし後ろめたい。

不安と孤独でいっぱいだった。会社を休んで一日じゅう家にこもって泣いた日もあった。

ある夜、夫に不安な気持ちを打ち明けると、「好きなようにしなさい」ということばが返ってきた。

「好きなようにしなさいって？　何を？」

「そんなに毎日、悲しいのなら……。俺は子どもがいなくったっていいんだよ。市美の好きにしなさい。」

私はびっくりした。子どもを堕ろすなんて考えたことなどなかった。

「えー、折角できた私の子どもよ。堕ろすなんてことするわけないじゃない！　なんてこと言うの……」

また、泣いた。

「確かに仕事ができなくなることは悲しくて寂しいけれど、子どもができたことはうれしい。そんな大切な子どもを堕ろすなんて……」

「何言ってんだ」

わがままに付き合っていられないという感じで、夫は横を向いて寝てしまった。

翌日、ご主人の転勤で仕事を辞めた同期入社のKちゃんから電話が入った。

「おめでとう！ ついに市美もママだね。やったね！」

「それがさー、おめでたくないんだよね。毎日悲しくって不安。仕事もできなくなるし、自由がなくなる……。なんだかわからないけど、毎日泣いてるものだから、彼が〝勝手にしろ！〟って。」

「あー、それマタニティーブルーよ。みんなそうなるのよ。ホルモンの関係だって。私もそうだったたし、気にすることないよ。」

「えっ、マタニティーブルー？ みんなそうなるの？ だって、テレビドラマってこうじゃないよね。みんな幸せそう……『バルーン』だとかの妊婦用雑誌もいかにも〝幸せ〟って感じだけど……」

「ドラマや雑誌でしょ！」

「そうかぁ。なーんだ私だけ不安で悲しいのかと思った。そうだったの、みんな同じなんだ。」

母の言葉を思い出す

そんなふうにして私のマタニティーブルーは解消されていった。

ドラマや雑誌と違うところはけっこうあった。食卓で突然口を押さえて「ウッ！」なんてトイレに駆け込むこともなければ、仕事上、フリフリのマタニティーウエアーを着ることも、ソックスを履いて通勤することもなかった。

なにより違っていたのは、働き続けようとする女性にとって、妊娠は必ずしも〝オメデタイ〟ことではない、ということだ。同僚の男性には「女性は長期間休めるからいいいね。うらやましいな」なんていう発言をする者もいた。休みたくて休むわけではないのに。私から見ると、あなたの方がよっぽどうらやましい。はっきりそう言ってしまえたら、どんなにすっきりしたことだろう。

「仕事いつまで？　辞めるんでしょ？」

関連会社の幹部からも言われた。

「働き続けます」とストレートには言わなかった。

「辞められないんです。家のローンがありますので、働かないといけないんです。出産後はすぐに復帰しますので、よろしくお願いいたします。」

もちろん、退職の選択肢がなかったわけではない。結婚の際にも、寿退職の選択肢はあった。その度に、

「辞めるのはいつでもできる。誰も止めはしない。やってみて無理なら辞めてもいい。働き続けたくても辞めなければいけない時は必ずやってくるのだから、働けるだけ働きなさい。自分に収入があるということも、生きていく上で、とても大事。」

そう母に言われたことを思い出していた。紡績工場に三十年以上も働き続けた母のことばには、妙に説得力があった。

第２章　手さぐりで行動開始

保育所さがし

突然、人は母になる。そこから準備が始まる。

働き続けるためには、まず何から、どう始めたらいいの？

私が当時勤めていた会社には、妊婦は一人もいなかった。会社にはどんな制度があるのか、働き続けるために何から始めるべきなのか、まるでわからなかった。すでに妊婦用の雑誌はあったが、働き続けるための情報など、皆無だった。社内制度の情報は、すでにワーキングマザーとなっていた同期入社のかつての同僚から、社外の情報については、書店で購入した『ワーキングマザー』などの本から収集した。

まず、妊娠による「通勤緩和」を申請した。これにより、出社は楽になった。こちらはうれしかったが、退社時刻を繰り上げることに関しては、当初、いくらか後ろめたさがあった。残業やお付き合いで明るいうちに帰ったことがなかったので、「明るい時間に帰る人がこんなにいるの？　仕事はどうしているの？」と余計なことまで心配になったが、そのうち「早く帰ることのできる会社が、そしてそうした社会そのものがいいな」と感じるようになった。

次に保育所の情報をあさった。私たち夫婦の実家はどちらも離れていたので、保育所探しは必須だった。

まず、居住地の公営保育園の情報を役所に行って尋ねた。市内の保育園は6園。そのうち、0歳保育は4園で、産休明け保育（生後8週目）は2園。入園申請は12月に行われ、内定は2月。待機児童もけっこういて、中途入園の可能性はない。4月の新規入園も難しい状況と判った。私は電話帳で認可外保育園を調べ、電話をした。なかには「来年入園の枠もいっぱいです」と断る保育園もあった。

「いつ、みなさん予約なさるんですか？」

「妊娠がわかって直ぐに申し込まれる方がほとんどです。」

妊娠5か月から探し始めても、遅すぎるようだった。認可外保育園にもいくつか足を運んでみた。ある保育園は、2階建ての一軒屋を利用した施設だった。0歳から4、5

歳の子が7人ほどその中にいた。別の保育園は、民間アパートの二階の一室にあった。背中に赤ちゃんを背負った女性が幼児を何人か連れて、階段を下りてくる姿を見た。都内の地域によっては「保育ママ制度」があるとも聞いたが、私の住む自治体にはそのような制度がなく、個人の保育はあきらめ、私は公立保育園の入園希望に絞らざるをえなかった。

母親学級

妊娠の状態が落ち着くと、病院と自治体から「母親学級」に参加するよう案内される。当時はインターネットなどということばも一般的でなく、妊娠時の日常のすごし方、諸注意は本や友達から得るしかなかった。妊娠して退職する女性のための情報しかなく、妊娠中の職場でのすごし方へのアドバイスは一切なかった。

「疲れたと感じたら横になってリラックスしましょう」といった内容のものばかり。職場に横になれる環境が整っている会社はそうそうないだろう。私の場合、仕事中に具合が悪くなった時、そのことを当時の総務担当者に相談したら「早く帰った方がいいよ」と言われた。なにより職場に迷惑をかけられると困る、といったふうだった。

「どこか体を休められるところはないでしょうか?」

「早く帰った方がいいよ。家内も妊娠中切迫流産になってさ、会社で流産なんてことになったら大変、責任とれないから。車とばして早く帰った方がいいよ。」

そんなことばが返ってきて、驚いた。車に乗れるようだったら、乗る。今が大変だから相談したのに……。

さて、会社でのすごし方を誰かに相談できないものかと期待して、私は「母親学級」に参加したのだった。

まずは、自治体主催の「母親学級」。そして思った。自治体の職員の方は、どうしてあんなにも参加する初産婦を子供あつかいするのだろう?

「どうしたの? 何か困ったことがあったらいつでも相談してきて。」

いつもこんな調子である。組織の中で中堅としてプライドをもって仕事をしていた私は、そんなことばに少々面食らった。しかし、そこは教えていただく弱い立場、ぐっと堪えて笑顔で答える。

「ありがとうございます。」

これは病院主催の「母親学級」でも同じだった。「母親学級」では、実際の赤ちゃんと同じ重量の人形を使った沐浴（入浴）のさせ方なども習う。

「だめよ、そんなふうにしちゃ。赤ちゃんかわいそうでしょう。首がすわってないんだから、耳もおさえないと。」

「すみません。」

知らないから教えてもらいにきているのに。

もう一つ、「母親学級」は妊婦どうしの友達作りの場でもあるらしい。同じ経験をするものが何十人も会するのだから、たしかに絶好の機会だ。しかし、それも期待はずれに終わった。妊婦さんは50人あまりも出席していたのに、そのなかで妊娠6か月か7か月になっても働いている人は2、3人。30歳超えての初産婦も3、4人。その二つの条件がそろっていて、産後も働き続けるというのは私だけ。

「会社辞めたら肥っちゃって。マタニティー・スイミングに通っているの。帰って食べちゃうから同じだけどね。」そう言って、楽しそうに若い妊婦さんたちはうなずき合う。

私はいま一つこうした会話についていけず、さびしい思いをして「母親学級」から帰ってきたのだった。

現在では状況も変わってきている。以前は平日しか開催していなかった「母親学級」も、今では「両親学級」という名称で、夫と二人で平日の夜間とか土曜日に、参加できるコースが設けられているところもあるようだ。ネットの時代、しかも動画配信の時代なのだから、たとえば妊婦体操（マタニティービクス）や沐浴の仕方、ゲップのさせ方など、働く両親向けに画像情報を提供してくれるところがあればと期待するのだが。

計画はかしこく

少し具体的に私のケースを紹介しよう。

産前・産後から復帰まで、各種申請書と提出時期をメモし、計画を立てた。出産予定日は11月21日、産前休暇は10月10日から。産後休暇は1月16日まで。保育園の次年度入園申し込み締め切りは12月上旬。11月中に生まれれば、申請は出すことができる。ただし、母親が育児休暇を取得可能な場合は、入園の優先順位が低くなると聞いて、とりあえず、産休明けの申請を出すことにし、2週間の有給休暇をとり、会社への復帰は2月1日とした。

復職の延伸は1回のみ。もし、4月に入園できなければどうするのか？　色々悩んでいてもしょうがないので、ともかくも、プランを立て、後は神頼み。そして、どうしたら入園できるのかを先輩たちにヒアリングした。

「お化粧ばっちりして、印象づける？」

「それとも家計が苦しく、生活に疲れた母親がいい？」

色々案を出し合った結果、子どもを負ぶって役所に通うことにした。担当の方からは「何度いらしても、希望どおりに行きませんよ」と言われたが、その姿勢が功を奏したのか、２月に内定通知を受けることができた。入園説明会では乳児を慣らすために「慣らし保育」という制度があることも知った。この制度を知らないために、復職後すぐに退職に追い込まれるケースもあるから気をつけよう。復職はできれば４月の中頃か、給付金を考えると5月1日が良いだろう。

世界が変わって見えてくる

なれてくると、妊娠は楽しかった。駅までの往復は自転車から徒歩に変わった。今まで見落としていた緑道の木々が、いかにも春を待つように新芽を吹いているのが目に入る。段々大きくなるお腹とともに、不思議がいっぱい沸《わ》いてくる。

なんで女の人のお腹に男がいたりするんだろう？　木は枝や葉っぱや花から成る。

花は花でも、おしべやめしべや花びらにがく、色々あるけど、いつからそれぞれがそれぞれだとわかるの？　いつの間にか若葉に触れながら、「これが新しい葉っぱ、柔らかいでしょう？　緑がきれいだね」とお腹の子どもに話しかけていた。

8か月を過ぎて、そろそろ出産の準備を始めた。私は実家には帰らず、東京での出産を選んだ。高齢ということもあるが、最初から夫と二人で育てて行きたいと思ったからだった。生まれて段々大きくなる子どもを夫とともに見ていたかった。

実家から母に来てもらうこと、夫が立ち会うこと、そしてなにより出産する予定の病院まで電車で40分ということもあって、計画的に出産することにした。場合によっては予定日前に陣痛がくることもある。だれかに立ち会ってほしかったので、ベビーシッター派遣会社に依頼して、特別に付き添いサービスをお願いすることにした。夫とのホットラインはポケットベルで確保した。

会社関係者への挨拶ははがきで行うことに決めた。既成の退職はがきのイラストと文面をアレンジし、復帰予定日を入れて送ることにした。

産前休暇が近くなるにつれて、休むのが段々楽しみになっていった。と同時に、新たな緊張も生じた。産前休暇に入る前に産まれてしまうと、産後休暇しかとれなくなるからだ。疲れてくると、張るお腹に向って「まだ、でちゃだめだよ」と囁《つぶや》きながら、産前休暇へのカウントダウンを始めた。

もしかしたら、破水？

妊娠8か月に入っていた。その年は9月の声を聞いても暑い日が続いていた。朝は元気なお腹も、帰社するころには疲れて張るようになり、張り止めを服用するようになった。

いつもの朝のように重いお腹を起こすように立ち上がろうとした時、何か生ぬるいものが流れたのを感じた。

「オシッコ漏れちゃった？　それともおりもの？　もしかしたら、破水？」

いつか見た妊娠本に「破水から始まる陣痛もある。破水したら子宮内細菌感染を防ぐため数時間以内に出産しないと胎児が危ない」と書いてあったのを、思い出していた。

その後は、身体を動かしても破水らしき症状はなかったが、自分自身ではおりものとも羊水とも判断できず、夫を送り出してから、あらかじめ準備しておいた「入院バッグ」を持って病院に向かうことにした。

「陽性ですね。入院できますか？」

「は、はい……。一応入院できるように準備してきました。」

「絶対安静、ベッドから動かないこと。用足しもベッドの上でね。」

破水していることは間違いないようだった。子宮に小さな穴が空いて羊水が出ることは珍しいことではないらしい。針穴くらいなら安静にしていれば自然にふさがるとの医師の説明だった。

こうして、心構えもさほどしていない状態で、私の入院生活は始まった。入院は6人部屋。みなさんと仲良くできるだろうか？　毎日ほとんどが同僚男性との会話、しかも話題は仕事のことばかりだから、そんな私が妊婦さんたちの話題についていけるのだろうか？　「母親学級」で経験したように、なんだか寂しい気持ちになったりはしないだろうか？

緊急入院

「あー、気持ちよかった。やっぱ、シャワーあびると気持ちいいよね。」

洗い髪をタオルでふきながらSさんが病室に戻ってきた。

「シャワーって、いつごろから浴びていいんですか？」

「ん、翌日から。」

「え、出産後しばらくはお風呂に入れないんでしょう？　頭に血がのぼっちゃって、シャンプーもNGじゃないんですか？」

「シャワーだったら大丈夫よ。頭洗わないと気持ち悪いし。平気よ。」

出産の翌日から平気で歩けるなんてことも知らなかった。

病室には、ずーっと本を読んでいる人もいた。

「出産後、本を読んだりして頭を使うとよくないって聞きましたけど……。」

「だって、家に帰ったら当分本読めないから、今のうちに読んでおかないと。」

母や年配の経験者から聞いた話と違っていたのは、それだけではなかった。皆無だった知識もいくらか入ってきた。

たとえば、妊娠中毒症のこと。普段はなんでもない人が、妊娠をきっかけに妊婦糖尿病や高血圧症にかかることがあるという。こうした症状が出るか出ないかは日ごろの管理が大切で、管理をしっかりやっていればリスクヘッジできるとのこと。

家庭の事情や母体の持病の関係で計画的に出産をする場合は「陣痛誘発剤」が使用されることや、陣痛が起こっても微弱陣痛でなかなか出産が進まない人には、母体と赤ちゃんの過剰なストレスを避けるために、陣痛促進剤が投与されるという。

男女の生み分けのこと。

2人目の出産には、近隣のお友達の協力が必要なこと。

出産後に、後陣痛と呼ばれる子宮収縮があり、けっこう痛いこと。

母子別室が気楽だということ。

母乳マッサージの辛さや昼夜を問わない授乳の大変さ。

高齢初産の大変さ。

医者との相性。

分娩室の寂しさ、などなど。

予定外の入院ではあったが、どれも本では知ることのできない貴重な情報をえることができた10日間だった。

ゆったりした時間の流れ

入院生活は、トイレに行けない当初の３日間を除いては快適だった。白く清潔なシーツと枕カバー、暖かい毛布、薄もも色のカーテンが風にそよぎ、ベッドの脇にはかわいい花が置かれている。中庭を散歩したり、ベッドで雨が降るのをぼうーっと観察したり。朝日とともにおきて、暗くなると寝る。ゆったりした時間が流れていた。

仕事のことを考えようにも、どうにもしようがないので、せっかくの〝自由時間〟を、絵を描いたり絵画雑誌を見たりして過ごした。

なんとか早産も免れて、30週に突入したところで「家と会社で出産を迎える準備をしてきなさい」と医師に言われ、退院して自宅に戻った。

産前休暇前の2週間。会社に行き、仕事ができないこともなかったが、有給も残っていたため、早めに休暇をとることにした。

好きなミシンで数日間のうちに、妊婦スーツをつくりもした。そして職場への挨拶まわりを終え、休暇に入った。

もう、寂しくはなかった。仕事上の不安もなかった。今度職場に復帰する時には母として仕事をするのだという喜びで、それこそ満面の笑みを浮かべていたに違いない。

予期せぬ突然の入院だったが、事前に産前休暇に備えて仕事にはサブをつけてもらっていた。関連会社の各部門にも、出産休暇でしばらくご迷惑をかけるということをあらかじめ話しておいたのも、不安の解消に少しは役立っていたのかもしれない。

休暇に入ってからは、産後の生活を支援するために上京してきた母と、かねてからの夢を実現すべく、ベイエリアのホテルでランチを楽しんだり、夫と二人でピカソ展を見に行ったり、イサム・ノグチ展を見に行ったりした。散歩に行ったり、生まれてくる赤ん坊のおくるみやマザーズバッグを設計してみたり、絵を描いたり。あるいは産休中の提出書類の一覧表を作成したり……。

サラリーマン生活では味わえない普通の妊婦としての生活が、新鮮で楽しかった。

第３章　出産　未知との遭遇

いよいよ出産日！

11月9日。計画出産を選択した私は、ついに出産日を迎えた。待望の赤ちゃんと対面できる記念すべき日を。

私は鏡台の前に座って薄い化粧をはじめた。出産の時はメークはしないようにと「母親学級」で習いはしたものの、とてもノーメイクで出産する気にはなれなかった。

会社に出社するとき、いつもオフィスの玄関口に立って「さあ、今日も戦うぞ！」と心の中で呟いて気合を入れてから職場に向かっていった。

今日もそんな日なのだ。鏡の前で化粧をしながら「さあ、今日も負けないぞ！元気な赤ちゃんを産むぞ！　仕事では後輩を偉そうに指導しているくせに、出産で泣いたりわめいたりしてたまるか！　凛《りん》とした態度で戦うわ！」

化粧をしながら、鏡の中の自分に言い聞かせた。

立ち会いをするはずの夫は前日の飲み会の疲れで、私が家を出る時間になっても布団の中にいた。

「先に行ってるから、早めに来てね。」

私は電車で病院に向かった。病院到着後は荷物を預け、着替えをし「今から、産むから」と実家に電話をした。

賑《にぎ》やかな出産？

内診を受けた後、担当医の先生から説明があり、誘発剤の点滴が始まった。

点滴が始まって間もなく、助産婦さんから、

「今日、越原さんの出産に研修生も立ち会わせていただきたいけど、よろしいかしら？」

急にそう訊《き》かれたかと思うと、かたわらにいた若い看護婦風の女性が自己紹介をはじめた。

「＊＊です。初めて出産に立ち会います、よろしくお願します。」

この場で断る理由も特に見つからなかったので、

「気をつかったりしなくていいのなら、そして支障がないならいいですよ」と答えた。

陣痛室では一人きりで寂しい思いをしたという話を、切迫早産で入院した時に聞いていた。そうした話とは違って、私の出産はちょっと賑やかになりそうな気がした。

誘発剤が投与されたのは朝の9時半からだったが、11時を過ぎてもなかなか子宮口(産道)は開こうとはしなかった。医師の管理のもと、誘発剤の量が増やされる。そうこうするうち、12時過ぎて、にんにくの臭いとともに夫が現れた。

「臭ーい！　何食べてきたの！」

「腹が減ったから食堂で餃子とラーメン食べてきた。」

「えー！　出産に立ち会うのに餃子食べてくるなんて、信じられない！」

そんな会話をしているうちに、突然私は「ワー」と叫んだ。

子宮から水が流れ出る。たくさんの水が流れ出し、シーツがずぶ濡れになった。

「これ、破水ですか？」

助産婦さんが駆けつける。

「あ、破水したわね。大丈夫よ、陣痛がくるわ。陣痛室に行きましょう。」

そうこうしているうちに陣痛がやってきた。夫は子宮の張りを観察する機械を見ながら、

「お、陣痛がくるぞ。だんだん痛くなってくる。どうだ、痛いだろう！　あ、弱くなった。今は痛くないだろう？」と不要な解説で私を笑わせようとする。

「解説してどうするの。付き合ってられないわよ。こっちは痛いんだから！　あ、イタタ……、ヒッヒッ、フー、ヒッヒッ、フー」

とても痛いと感じてはいたが（あと、6時間もすればこの痛みからも解放されて、子どもと対面できるんだ。どんなに痛くても6時間もすれば……。）そんなことを考えていたのでパニックにもならなかった。

「さあ、もういきんでいいわよ。」

痛いお腹を抱え、やっと分娩台にのったところでいきむことを許可された。

「だめよ！　目をつぶっていきんじゃ！　目をあけて！　がんばって」

何度も助産婦さんの指示にしたがっていきんではみたが、赤ん坊は一向に降りてこないようだった。そのうち、赤ん坊の頭に吸引機をつけて出すことになったが、それでも降りてこない。ついに先生がお腹の上にまたがって、押し出すことに。

「婦長と応援呼んできて！」

先生の指示で婦長さんがかけつけ、全員の呼吸が合うように掛け声をはじめた。私には酸素吸入機が取り付けられていた。夫は私の額の汗をふいてくれた。途中、別の医師が書類を探しに来たりして、多いときには7・8人のなんとも賑やかなイベントになった。

「もう少しで出るわよ！　頑張って。よーし、もういきむの止めて！」

「産まれたわよ！　男の子よ！　おめでとうございます！」婦長の声がそう告げていた。

初めて見た私の子は、吸引で頭が長くホテイさんのようになっていた。ぐったりと疲れた……。

夫に後から聞いた話だが、出産後、先生から、

「実は危なかったんですよ。母体も赤ちゃんも。無事に生まれてよかった」と言われたらしい。当の本人は「死ぬほど痛い」って聞いてたけど、思ったより痛くなかったよ、とお気楽なものだった。その晩は「越原さんは今晩はゆっくりしていいわよ」と言われた。このときはまだ、昼夜のない授乳生活が待っているなんて想像の余地もなかったのだ……。

初めての授乳に赤ちゃん青くなる!

「今日から、ゴールドフィンガーNさんのマッサージ、始まるね。」

なんだかうれしそうに、同室のSさんが話しかけてきた。

私の病室は6人部屋。切迫早産で入院している方が1人と、私より先に出産した

人が4人。問題がなければ、初産婦は1週間で退院、経産婦は5日で退院をむかえる。病室は、案外、入れ替わりが激しい。それでも皆さんなかなかに個性的で、それぞれの生活もお互いに見え隠れして、そこがけっこう面白い。先輩の話が聞けるのも安心で、入院生活は楽しく過ごせそうだった。こんな余裕も、切迫早産での入院経験のおかげだった。

やがてNさんが来た。

「今日から母乳始めましょうね。マッサージはもうした?」

「やってません。」

「はい。じゃあ、胸出して、寝たままでいいわよ。ちょっと痛いけど我慢してね。」

「うっ……」

その痛さといったら、ちょっとやそっとではなかった。

「きちんとマッサージしておかないと乳腺炎になって大変だからね。」

痛いのを必死に我慢して、マッサージを受けた。

「わー、けっこう出るじゃない。こんなに出る人めったにいないわよ。すごいわ！」

ゴールドフィンガーのNさんが喜ぶので、私もなんだかうれしかった。母乳が出なくて困っている、という話はよく聞く。私はラッキーかもしれない。貧弱な私の胸も自慢できることがあるんだ……。

いよいよ初めての授乳だ。ゆっくりと腕の中の赤ん坊の口を乳首にあてる。そのとたん、赤ん坊はちゅうちゅう乳首を吸い始めた。

不思議だった。何でおっぱいを吸うこと、わかるんだろう？

少し目を離して隣りの人の授乳を観察し、わが子を見たら、赤ちゃんの顔が真っ青。まるで〝青ちゃん〟になっているではないか。

「青くなってるんですけど！　どうすればいいんですか？」と叫んでいた。何が起こったか解らない。でも赤ちゃんが苦しそう……。

「あ、ちょっと貸して。」看護婦さんが赤ちゃんを取り上げて背中をトントンと叩いた。赤ん坊はすぐ、赤い顔に戻った。

「赤ちゃん、おっぱいにむせちゃって息ができなくなったのよ。まだよく飲めないの。おっぱい飲むの、赤ちゃんも初めてだから。気をつけて見ててね、越原さんは赤ちゃんが飲めないくらいおっぱいが出るから。青くなったら乳首を外して背中を叩けばいいから。」

赤ん坊だからって、生まれつきおっぱいが上手に飲めるわけではないようだ。これも初めて知った。おかあさんがいくらおっぱいを出しても、吸い付きの悪い子もいるらしい。乳首が大きすぎて吸えない場合もあるらしい。やはり親子でも色々あるようだ。

私はまるでホルスタイン?

その後は、3時間から4時間おきに授乳室から呼び出され、授乳することになった。昼も夜もなく、まるでホルスタインになったみたいだった。おっぱいをあげるのが仕事で、それでもまだ、母子別室だからたすかったのだ。母子同室になると、それこそ赤ちゃんが泣くたびに起きて面倒をみなければならないので、出産後も体が休まらない。

母子同室を望む人もいる。一人目の時は同室を勧める人もいる。母子同室なら、退院後赤ちゃんが泣き止まなくて「本に書いてあるとおり、オムツを替えたし、着替えもさせたし、おっぱいも飲ませたんですけど泣き止まないいんです。どこか悪いんじゃないでしょうか？」と私のように病院に問い合わせをしなくて済むかもしれない。

「〝私の赤ちゃんのおしっこ、テレビのコマーシャルのように青くないいんですけど〟という母親がいるらしいよ」と聞いたこともある。自分の場合と同じようなものだと思うと、笑えなかった。

同室なら、入院中に赤ちゃんの世話に慣れるので、退院後に楽かもしれない。

病院によっては、差額ベッドがあったり、二人部屋、大部屋のところがある。母子同室か別室のいずれか、またはそのどちらかを選択できるところもある。病院によって出産費も異なる。勤務する会社関係の病院は他の病院より安く済む可能性もある。休日・夜間の場合は料金が割り増しになることがある。通っている病院についての情報は、あらかじめ調べておいた方が良い。

第４章　初めての育児

本のとおりにはいかぬもの

退院したては緊張の連続だった。病院での生活には慣れたものの、自宅では24時間、私が赤ん坊の世話をみることになる。

自宅まで、母もついてきてくれた。産後の私の身の回りを、1か月検診日まで母が泊まりこんで面倒みてくれることになっていた。

退院して数時間もたたないうちに、私は病院に電話をしていた。赤ん坊が泣きやまないのだ。

赤ちゃんが泣きやまないときは、オムツが濡れて気持ちが悪いのかもしれません。オムツを替えても泣きやまないときは、お腹がすいているのかもしれません。ミルクを飲ませて上げましょう。（ただし、飲ませすぎには注意しましょう。）それでも泣きやまないときは肌着に原因があるかもしれませんから、着替えをさせてあげましょう。それでも泣きやまないときは、具合が悪いかもしれませんから、お医者様に相談しましょう。

そう本に書いてあった。いっこうに泣きやまない長男を抱えて不安になり、私は退院してきたばかりの病院に電話をかけたのだった。

「あの、今日退院した越原と申しますが。赤ん坊がオムツを替えても、おっぱいを飲ませても、肌着を替えても泣きやまないんですけど、どこか悪いんじゃないでしょうか？　とても心配なんですけど……」

「あのね、おかあさん、赤ちゃんは泣くのがお仕事なの。理由がなくても、泣くのが普通なのよ。おっぱいをあげても、上手く飲めなくて、泣く場合もあるけど、ちゃんと飲んでいるようなら、大丈夫。心配いりませんよ。」

ほっとした。夫や母から、「ほらみろ」と笑われたが、私は必死になって心配したのだ。どうも本に書いてあることと現実は違うようだ。仕事のように〝何が原因でどうすれば解決できる〟というものとは、どうやら育児は違うらしい。

育児書を読めば知識はたまるが、実践では役に立たないことも多い。思い通りにならないのが育児だ、と私は赤ちゃんに教えられた気がした。

相手は人間、しかも個性があるから、兄弟だって同じに育てようとしても、なかなかそうならないのと同様である。

ちなみに、次男はぜんそく気味だった。「何が原因でどのようにすれば改善できるか？」ぜんそくやアトピーに無縁だったビジネスマン、ビジネスウーマンなら考えるだろう。しかしぜんそくの原因など、はっきりしない。薬で病状を抑えることはできるが、風邪のように2・3日で治すなんてことはむずかしい。

1歳のころ、次男は自宅で突然真っ青な顔になり、意識が朦朧として救急車を呼んだことがあった。救急車に乗りはしたが、なかなか受け入れ先の病院が決まらない。子どもはすでに唇も青くなって、私はかたわらの長男を抱きしめながら声を絞り出すように次男の名前を呼んでいた。20分ほどたって、やっと受け入れ先が決まり、自宅から車で数分先の病院へ向かった。

ところが車を降りるころには、彼は顔色も良くなり、待合室ではお兄ちゃんとふざけ合うところまで、すっかり元気になっていた。

一体なぜ、彼の意識が急に朦朧となったのか？　原因はわからない。念のためにとった脳のレントゲン写真を前に、医師から、

「脳室が大きすぎる。現時点では問題ないし、大丈夫だと思うが、一応経過を観察した方がいいかもしれません」と言われた。

その後数日間、次男の将来を悲観し、眠れなくなった日もあった。

また、ある時は次男のことばの遅いのが気になり、耳鼻科に相談したこともあった。

「気にすることはないですよ。ことばは遅くても、いったんしゃべりだすと今度は〝うるさいから黙ってなさい〟なんて叱《しか》るくらい話すようになりますから」と言われた。

あれから10年、次男は小学校に入ってから、ゼイゼイすることがなくなった。脳の障害なども特にない。一日に何度も「うるさい！　少しは黙ってなさい」と、夫や私、そして長男からも言われている。子どもというのは成長途上の生きものだ。「今現在

がこうだから、将来は絶対にああなるこうなる」なんて、期待しすぎてはいけないし、また逆に悲観することもない。

夜泣き

退院後、昼夜の別のない生活が続いていた。最初のうちは、授乳時間にこだわり、3〜4時間おきにおっぱいを与えた。どうにも泣き止まないときにもおっぱいを与えた。夜泣きで起こされ、眠い目をこすり、ぼーっとしたまま赤ん坊を抱いておっぱいをあげる。抱いているうちは寝ているくせに、眠ったからと思って布団に寝かすとすぐまた泣きだす。

抱くと眠る、寝かすと泣くの繰り返しで、応援にかけつけていた母親にも夜中に起きて抱いてもらったが、母も抱いたまま眠っていた。疲れている様子だったので、無理も言えなかった。

最初の一か月は夜泣きで眠れず、体のあちこちが痛い。母や夫への気遣い疲れや、赤ちゃんのおへそのジクジクが取れない心配も重なって、大変な時期だった。

子どもが寝ている時間は時間で会社への申請書類の問い合わせや、役所関係の申請書調べ、出産の挨拶状書き、お祝いの礼状の発送などに追われ、多忙をきわめた。特に会社への問い合わせは、回答のためにあれこれ調べて動き回る同僚のことを考えると、心苦しくストレスになった。

そんななか、唯一おっぱいを吸わせ抱いている時間だけはストレスも忘れ、幸せなひとときだった。私がいなければこの子は生きていけないのだと思うと、いとおしかった。この子のためなら、何でもできる、と思った。

一か月を過ぎて、健診の日がやってきた。今日で母ともお別れだ。健診の結果を聞いたその足で実家に帰るという。明日から日中は赤ちゃんと二人きりになる。不安でたまらなかった。

夫が遅い日は一人で沐浴させなければいけないし、合間を見て風呂に入らなければならない。なにか異変でもあったら、誰に相談すればいいのだろう……。今なら24時間対応の有料ホットラインがあるが、当時はそのような情報網もなく、近所の付き合いもなかった。仕事ならどんな課題でもなんとかなると思うのだが、育児については全く見当がつかない。人に頼ることも素直にできず、どうしてよいのか何もわからず、情けない自分がそこに居た。

母が富山の実家に帰ってからも夜泣きは続いた。

「俺は仕事なんだぞ、うるさくて眠れないから何とかしろ！」と夫からも怒られる。泣きたいのはこっちの方だった。

ずーっと抱いてあげるから

ある日、いつものように夜泣きをする赤ん坊に、

「もう、わかったから。抱いてほしいなら、ずーっと抱いててあげるから、とことん付き合うから好きなようにしなさい。泣きたければ思う存分泣いていいよ。付き合うから」と言っていた。その日から、彼はあまり夜泣きをしなくなった。もしかした

ら、私の方が気にならなくなったのかもしれない。

「泣くな泣くな！　泣くとパパに怒られるし、私も眠れないでしょ！」

そんな気持ちが赤ちゃんを不安にし、結果的に泣かせていたのだろう。ちょうど昼夜のリズムができる頃だったのかもしれないが、赤ん坊というのは不思議なものだ。言葉は通じないのに、コミュニケーションはとれる。どこかでちゃんとこちらのことを分かっている。つくづくそう実感した。

私たちは言葉がないとコミュニケーションがとれないような気になっているが、もしかしたら、人と人とのコミュニケーションの原点は赤ん坊と家族のコミュニケーションにあるのかもしれない。言葉は通じなくても、愛する人の言わんとしていることはどこかで理解ができるのかも。言葉があるからかえって喧嘩したりするのかも。言葉を得たかわりに私たちは何かを失ったのかもしれない。文字を読むようになる前の子どもの感性は大切だ、とどこかで聞いたことがあるのを思い出していた。

「休職延長」作戦

出産は11月9日だから、産後休暇は1月16日まで。2月1日には職場に復帰すると会社には申請していた。

当時私が所属していた会社では、調べて見ると該当する手当があり、その支給対象は「2月1日に在職していたもの」とのこと。そこで助言をひとつ。産休明けがボーナス支給等の1〜2か月前になる人は、社内規定等で支給基準をチェックしておこう。微妙な時期に産休明けで復職し(とはいえ、有給休暇取得で実際には出社しない)、支給対象となってから実質の育児休職を取る例も知り合いにはあった。ただし、この場合は〝復職後の休職申請〟が許容されるかどうか、あらかじめ調べておく必要があるので、要注意!

さて、私のケースにもどると、該当する手当は、ローン返済を考えるとその頃の私には惜しい額だったので、2月1日には復帰したかったのだが、保育園の中途入園の可能性は皆無、4月入園の審査結果も2月にならないと分からないと聞いていたので、止むを得ず、育児休職の「延伸届」を提出した。育児休職は1回にかぎり延伸を許されていた。だから4月入園が決まらない場合は、もう認可外保育園か個人のシッターを雇うしかなかった。

第一関門突破、でも……

2月に入って、市役所から保育園入園申請の結果が届いた。恐る恐る封筒をあけてみた。「保育園内定通知書」だった。

「やったー、働ける！」

思わず、そう叫んでいた。さらにうれしいことに、家から近い第一希望の保育園に決定していた。働き続けるための第一関門突破！とは言え、うれしいだけではない。喜びの一方で、安心しきっておっぱいを飲んでいる赤ん坊を見ると、「赤ん坊を預けて働きに出る」ことへの罪悪感も生まれた。

「よかったじゃない、おめでとう！　働き続けられるなんて幸せじゃない。」

働き続けている先輩は言った。だけど、本当のところはどうなんだろう？　私の周りは働き続ける人ばかり。主婦業に専念して育児をしている人だって、子どもと一緒でむしろもっと幸せなのではないだろうか？　みんな仕事を辞めてよかったと思っているのではないかしら？　先輩たちだって、今さら自身の選択してきた道を否定するわけにはいかないし、それで働き続ける自分を肯定しているのではないかしら？　意外と、後悔しているのかもしれない……。働き続ける事ができるとわかったいま、思ってもみなかった疑問がつぎつぎとわいてくるのだった。

「働きたくったって、たいていは〝子どものいる人は辞めてください〟って言われるものよ。働けるだけ、幸せと思いなさい。」

そう母が言った。

「子どもなんて、いつまでも小さいわけじゃないんだから。いつの間にか大きくなるんだから大丈夫。やってみて、ダメならその時に辞めればいいじゃない。」

共稼ぎの家庭に育った自分はどうだったか？　母が働いていて寂しいと思った記憶は、それでも1回だけあった。小学校のころ、下校時に突然の雨でみんなはお母さんのお迎えで帰って行った。残った私は、結局近所の何歳か年上の男の子の傘に入れてもらって家に帰った。寂しいと思ったのはその時だけだった。あとは留守番なんて気楽なものだった。弟がいたこともあり、そんなに寂しいと感じることはなかった。宿題をしなさいとも言われないし、ダラダラし放題のマイ・ペースな生活がけっこう気に入っていた。

「とにかく、働いてみるわ！」そう決心した後は、残りの1か月余りの時間をいかに愉しむかがテーマとなった。

入園説明会

3月に入り、保育園の入園説明会があった。土曜日に開催され、私は生まれたばかりの子どもを夫に預け、緊張して説明会に臨んだ。

園児たちの部屋で説明会が始まった。小さな机と椅子。壁に貼られた園児たちの絵、写真。明るく美しいこの園で、子どもたちは大きくなるのだ。

働くお母さんたちが20人ほど集まった。堂々としたおかあさんはきっと、上の子が既に園経験者なんだろう。緊張した顔つきのおかあさんは、私と同様未経験者なのだろう……。そんなことを考えているうちに、持ち物の説明になった。先生から準備すべきものが伝えられる。

・着替え（乳児は5組用意すること）
・オムツ（布オムツ20組）、オムツカバー（5組）
・口拭きガーゼ（5枚）
・スタイ（5枚）
・汚物入れ（スーパーの袋5枚）

以上はすべて名前を記入し、毎日、指定された数、専用かごに入れておくこと。
その他に、

・シーツ、掛け布団カバー、毛布、毛布カバー、ゴム付きバスタオル。

これらには名前を書いた布を縫い付けておくこと。週末に一式を取り替える。

通常は8時半から4時半の預かりだが、希望すれば朝は7時から、夜は6時半まで延長保育可能とのこと。

園の方針により、紙オムツは対応しない。

園から渡された日記は毎日記入すること。(ウンチの有無と形状、ミルクの飲み具合、就寝時刻と起床時刻、朝の体温、家での様子等)

登園時はまず、入室前に所定の場所で熱をはかり、37度5分以上の熱がある場合は、預かることはできない。

説明はまだまだ続く。

「子どもを園の環境に徐々に対応させるため、2時間からの慣らし保育を5日間行います。」

「えー、聞いてないよ！　どうしよう……。」

数名のおかあさんから不安な声が聞こえてきた。私は慣らし保育のことは知らずに、自分の身体を慣らすために、復帰日を4月中旬と決めていた。極度に疲れた場合でも、すぐに連休が待っているから対応できるだろうという考えからだった。

後から聞いた話だが、中には慣らし保育期間の対応ができなくて、せっかく復帰したのに会社を辞めた人もいた。

「4月1日から復帰すると聞いたのに、1週間も休むなんて、どういうことだ！子どもを放って会社に来い！」

そう言われ、

「出てこれるなら私も出て仕事したいんですよ！」

そう言い残し、理解のない職場ではこの先両立するのはムリ、と退職の道を選んだらしい。

慣らし保育のことを意外に知らないお母さんも多い。仕事への復帰の最初につまずくと、精神的にもストレスを抱えることになるので、慣らし保育期間の有無、有る場合はその対応を考えておいた方がよい。

紙オムツに関しては、母親側の言い分（なにしろ、洗濯がひと仕事で、いつも乾いたオムツが揃っているか、追われてしまう）もあり、その後、園でも負担軽減から紙オムツでの対応をしてくれるようになった。4年も後のことだ。そして時間外保育も7時までとなった。

保育園を選ぶ時は、入園対象月齢や延長時間（長ければ、夕食やオヤツの有無）、紙オムツの対応の有無、保護者会の有無（保護者会があれば、土・日に行事が入ることも、役員が回ってくることがあるかも）、粉ミルクの種類、寝具関係、夏休みの有無、そして慣らし保育の有無や期間をあらかじめ情報収集しておいた方がよい。

第5章　復帰後のハード・デイズ　二人目の決断

職場復帰　いざ出社

半年ぶりの職場復帰。

前夜は緊張のせいか、なかなか寝付けなかった。朝は4時半から起きて準備をはじめた。洗濯機を回し、保育園のための日誌をつける。化粧をして朝食の準備をし、赤ん坊を起こしておっぱいを飲ませる。洗濯物を干し、夫の食事の準備をし、自身の身支度をととのえ、戸締りをして、家を出る。

駅までは自転車で。保育園はその途中にある。〝だっこひも〟でこどもをこちらの身体にぴったりと安定させ、ペダルをゆっくりとこぐ。ほほに当たる風にはまだ冷たさがあったが、火照った皮膚には心地よかった。とはいえ、前のかごには仕事用のバッグ、うしろのかごには20組のオムツと5組の着替え。折角のスーツもよだれや鼻水でよごれる。スカートをはいて自転車に乗るのだから、まさに〝おばちゃん〟スタイルだ。随分後になってだが、数人の友達から、

「越原さんはスーツでビシッと決めているキャリア・マザーのイメージなんだから、ちゃりんこに乗って、スーパーの袋なんかぶら下げないでよ！　イメージ壊れちゃう！」と言われた。そんなこと言われたって……。

しかも、晴れの日ばかりではない。雨や風の日もあるわけで、子どもが２人、３人と増えれば自転車に乗るのは困難。年子や２つ違いだって、二人をいっしょに背負う訳にはいかない。早めに自動車免許を取得しておいた方がよいかもしれない、とそのとき痛感した。特に子どもが発熱したときなど、足がなければ困る。ちなみに私はペーパードライバー歴二十余年。子どもができてから教習所に行きチャレンジしたが、結局今も運転はしていない。

さがしてみると、託児室付きの教習所がけっこうある。

さて、自転車での登園のつづきにもどろう。保育園に到着したところで、ドキドキしながら熱をはかり、平熱を確認して、先生に子どもを預ける。小さいからまだそんなに後追いもない。着替えやオムツを専用かごに補充し、バイバイをして保育園を出る。

久しぶりの通勤電車は、大人の臭いでムセそうだった。ポマードの臭い、香水の臭い、体臭……。以前は何も感じなかったものに、今は敏感になっていた。いかに赤ん坊とだけの閉ざされた（でも美しく、純粋なゆりかごのなかでのような）生活が特別なものだったか思い知らされた。

逆に、ウンチやオシッコの匂いに関しては全く鈍感になっていた。それどころかウンチは健康のバロメータであり、赤ちゃんのその香りに喜びさえ感じるのだから不思議だった。出勤の途中で、たくさんの新鮮を発見し、そして母ではなく職業人としての新たな自分自身を感じながら会社に着いた。

会社では同僚と上司が笑顔で迎えてくれた。もちろん休んでいた半年の間に大きな人事異動もあり、3分の1は知らない人で、「なんだろうこの人は？」という顔をしているスタッフもいて、変化した環境に戸惑いや不安を感じもしたが、それ以上に職場復帰できたことがうれしくてしょうがなかった。仕事に対する使命感や責任感よりも、育児をしながら仕事のできることがうれしかったのだ。当日は、私の他にも着任の挨拶をする人がいたが、恐らく私が一番うれしそうにしていたに違いない。

私は、休職は長くて約1年と考えていた。2、3年の育児休職をとった人が、結局は復帰直前、あるいは復帰直後に退職したという話をよく聞いていた。職場復帰をひかえて職場に挨拶に行ったら、知っている人がだれもいなくて、会社での自分の所在なさを痛感させられ、やっていく自信がなくなり、復職前に辞めたという話も耳にしていた。復職をはたした場合でも、社内の業務の仕方やシステム環境が著しく変わってしまい、それについていく自信を失って辞めたという例もある。事情はいろいろあっても、休職期間は、ふたたび職場に慣れるのにエネルギーを費やさない半年から1年程度が良いのかもしれない、と私はこのとき実感した。

復帰後の仕事

復帰後しばらくたって、課長から呼ばれた。

「悪いけど、この仕事をやってくれないか？」

コンビニエンスストアで携帯電話料金の支払いを可能にする新規サービスのプロジェクトだった。当初担当していた者が社費で海外留学したため、急遽、課長がプロジェクト・スタッフの調整をしたのだった。

「私にできることでしたら何でもします。」

快く引き受けた。

休職前には「事業者間の相互接続システム」を担当していた。どちらかというと、私は社外の人と仕事をする方が楽しいと感じるタイプである。特に「事業者間相互接続システム」では、同僚の男性が担当することにほとんど決まっていたものを、「この仕事を私が担当することはできないでしょうか？〝システム〟というと女性は弱いとお考えかもしれませんが、私はできます。システムの勉強もしたいので、ぜひ私に担当させてください」と半ば強引に、周囲を説得した結果の、希望の業務だった。

考えてみると、私の場合、「私にやらせてください」という発言が多い。できるという自信があって言うわけでは、もちろんない。

「この仕事に興味がある。これは私にしかできない。この仕事を完遂できれば必ず次のステップに行ける。」

そんなふうに感じる仕事は自分がやるしかないのだ。経験もなく自信もないのに引き受けるわけだから、自分で自分の首を締めるようなものだ。だから正直いって「なんで、引き受けたのだろう？今まで誰もやらなかったのは、できない理由があったからではないのか。たいへんなことを引き受けてしまったものだ」と悩んで眠れなくなったこともある。でも、そんな時は自問自答する。

「これを選択しなかった私は存在するのか？」と。

答えはいつも「ＮＯ」だった。

コンビニエンス収納システムのサービス要件の決定、協定書の作成、サービスマニュアルの作成。社内外の調整業務、システムスペックの決定、運用マニュアルの作成、等々。復帰後初のプロジェクトは、こうしてなんとかうまく行ったのだった。

もちろん、うまく行かなかったプロジェクトもある。そのひとつが新サービスに関わるマニュアル作成だった。打ち合わせの際中、こちらの判断を求められた。その時に限ってなかなか判断が下せず、ミーティングが終了後、涙があふれだしていた。プロジェクト・リーダーの女性が「どうしたの？」と聞いてきたが、自分でもなぜ泣くのかわからなかった。

「すみません、泣くようなタイプではないのですが、なぜか涙がでてきてしまって……。」

後日、このことを電話で友人に話した。

「もしかして、その日は子どもの具合が悪かったんじゃない？」

はっとした。そのとおりだった。子どもはその前日、熱を出して病みあがりだった。意識はしていないつもりだったが、潜在的な不安があったのかもしれない。単純なもので、私は友人のこの一言で、ふたたび自分を理解することができ、それっきり、理由のわからない涙は流さないようになった。

育児と仕事の両立は、なかなか難しい。妊娠・出産・育児が当人にとって初めての場合、自分自身でも心身の変化に気がつかないことがとてもたくさんある。困った時は、恥ずかしがらずに、自分一人にこもらずに、だれかに相談するにかぎる。

社長賞受賞の波風《なみかぜ》

一人目の出産から職場への復帰を果たして2・3か月経ったころ、「ダイレクト・コミュニケーション」が開催された。30名ほどの社員と当時の社長大星公二さんとの直接対話会である。

「何か意見はないか」と大星社長に言われ、折角の機会でもあるので、私は妊娠中に夫との連絡でポケットベルが役に立ったこと、出産の喜びを伝えるのに携帯電話が役立ったことを具体例として、「妊婦と移動体通信サービスのニーズ」に関する発言をした。すると大星社長は「君、それいいよ。それを今度ぜひ、コミュニケーションポストに提案したまえ。いささかなりとも育児の一助として報奨金は出すから」と言って喜こばれた。

数日して、私は「妊婦と移動体通信サービス」というタイトルで簡単な企画書を作成した。手書きメモ程度のものだったが、それを社内のコミュニケーションポストに投函するには勇気をふりしぼらなければならなかった。何日か投函するのを躊躇《ちゅうちょ》していた。社長からは提案しろと言われたものの、褒《ほう》賞を実現するためにあれこれ動き回らなければならない方々の苦労と困惑ぶりを考えたのである。結局、社長の命令を実行すべきか、組織のことを考えて投函をあきらめるか悩んだあげく、自分のこれまでの生き方として、「投函」を選んだ。一応、事情説明を兼ねて、投函したことはその後で上司に伝えた。

それから数週間後、同僚からこんなふうに訊かれた。

「ねぇ、ねぇ、何かしたの？　ある人から〝越原さんてどんな人？〟って訊かれたけど……」

その後、社長名で表彰されるという話もいただいたのだが、当時の担当者からはこんなふうに言われた。

「いろいろあったんだよ。提案書にある普通の主婦の観点で移動体通信に触れることで、新たなニーズが云々のところでね、働きつづけている君は〈普通の主婦〉なんて言いがたい。だからそんな君に〈普通の主婦〉の観点でものが見られるわけがない。なのに提案を受け入れるのはおかしいって主張する人間がいてね。それに褒賞の制度自体もなかったから、苦労したんだよ。」

職場では残業もできない。子どもの発熱を理由に仕事を休む「女」を否が応でも自分に感じつつ、それでも男性からは「普通の女ではない」と言われる。なんだか中途半端な立場にあることを痛感し、そのことは私を以降もたびたび寂しくさせた。

そんな一部の人からは歓迎されない受賞だったが、当時所属していた部門長に受賞の報告をしに行ったときの、こんなやりとりに励まされた。

「賞をいただいて、ありがとうございます。一部の方々にはご迷惑をおかけしたようで、申し訳ありません。」

「いいんだよ、気にしなくて。君は間違っていない。雑音に耳を貸す必要はないんだよ。今後も頑張りなさい。」

そのことばがうれしかった。

数年たち、社内ではすばらしい提案に対して賞金の出る「大星賞」「小星賞」なる制度が設けられた。あるとき偶然、私の褒賞を担当した方にお会いした時、「現在の〈大星賞〉〈小星賞〉の制度の礎《いしずえ》は君が作ったのだよ」と言われた。

二人目を妊娠する

一人目を産んでから、なるべく早く二人目がほしいと考えていた。子どもが一人で留守番というのは可哀そうだから、年の近い兄弟を作ってあげたいと思ったのだった。本当は、子どものためというよりは、自分自身のためと言うべきかもしれない。いつも私は自分の気持ちに忠実というか、我がままなのだ。

長男が1歳を過ぎた頃、私は二人目を妊娠した。職場では「またか」と言う声も聞こえてはきたが、私としては、またかわいらしいのが一人増えると思うと楽しみで、周りがなんと言っているかなんて気にしなかった。

復職して半年以上経ち、生活にも仕事にも慣れていた。たしか21歳のころ、私はNTTの研修機関にいたが、そこでの学園長のことばを思いだしていた。

「物の本質を見極めよ！」

朝礼のときをはじめ、機会のある度に聞いたことばだが、そこから私が得たものは「仕事をしていく上で重要なのは、相手は何を求めているのか？　何が課題となっていて、それを解決するために何をどのようにしたらよいのか？」という本質を見抜く心眼だった。その「ポイントをつかむことさえできれば、どこへ行ってもどんな仕事をまかされても大丈夫。数か月休んだところで、遅れるということはない。」そういう思いに私は背中を押された。

二人目は、最初の経験があるから、要領がわからずに困ることもない。まだよちよち歩きの長男の具合が悪いときは、さすがに大きなお腹とぐずる子どもの世話で途方に暮れ、「ママのほうが泣きたいのよ！」と小児科の待合室に座り込んだ時もあったが、その他はあまり苦労した記憶がない。

おそらく、長男の世話でお腹に気が回らなかったのだろう。長男の出産は計画出産だったためか、産後、体力の回復に1か月以上の時間がかかった。

自然に産んだ方が、誘発剤や促進剤を使うより出産も軽いし、産後も楽だと聞いていた（友人たちへのヒアリング結果も同様だった）ので、二人目は自然に陣痛が来るのを待つことにした。

実家から母が手伝いに来た翌朝、陣痛らしきものがやってきた。その日は休日、家族で車に乗り病院に向かった。長男の時とはまるで違っていた。11時ころ病院に到着、その日の4時半に私は男の子を出産していた。

この時の実感は「これで役目を果たした」というのが正直なところだった。

シングルの時は「結婚はまだしないの？　彼はいないの？」と訊《き》かれ、結婚すると「子どもはいつ？　早く作った方がいいよ」と言われ続けた。そして一人目を産んだかと思うと、今度は今度で「二人目はいつ？　兄弟がいた方がいいわよ。年が離れると面倒見る方も大変だから、早めに二人目を作った方がいいよ」と言われていたのだ。あたりさわりのない、どちらかと言えば、親切からでたことばだろうが、異口同音にそう言われると、それしかないの？　という気分になる。

ともあれ私は二人目の出産を終え、とても心の荷が軽くなり、自分の果たすべき役目を終えたような感じがした。

緊急入院

次男が誕生した年の暮れは、実家に帰らず、自宅で年末年始を過ごすことにした。不思議と子どもというのはどこかに行こうとすると、熱を出すものだ。例えば海外旅行、スキー、母親の出張時など……。あるいは医者の診療時間が終わってからとか、休診日とかに熱を出すことがよくある。

前日から生後2か月の次男がセキをし鼻水をだしていたので、年末年始に熱でも出したら大変と大事をとって、近くの耳鼻科を受診した。診断はただの風邪ということで、大したことにはならなかったが、念のために薬をもらってきた。年末年始は新しい家族が増えたことで、実家に帰らなくても賑やかに過ごせた。

ところが正月が明けるころには、次男のセキはさらにひどくなっていた。おっぱいを飲んでも、セキこんだ拍子にほとんどを吐いてしまう。熱はないから大丈夫だろうと思ったものの、念のため近くの病院に足を運ぶ。休日明けで混んでいて、2時間ほど待たされ、やっと診てもらうことができた。受診後、

「ミルクを吐いちゃうようなら、ジュースやイオン飲料を飲ませてください。薬を出しておきます。何か変わったことがあったら、また診せにきて」と言われ、ほっとした。じつはかなり心配していたのだ。

だが、翌朝になっても次男のセキの症状はよくならない。相変わらず、ミルクを吐いてしまうし、代わりにあげたジュースも飲まない。それでいて熱はない。ぐずりもしない。今日も病院に行くべきかどうか迷う。

「何か変わったことがあったら来てと言われたけれど、変わったことの程度ってどのくらいだろう？　2時間、混み合った待合室で待たせることになるけど、いいんだろうか？」

そうこうしているうちに午後になった。おしっこの量が極端に少なくなっているのがとても心配になり、再び小児科に行く。この病院は先生に診てもらう前に、まず看護婦さんの問診を受けるシステムになっている。

「昨日も受診したんですが、相変わらずおっぱいも吐いてしまうし、おしっこの量も少ないので今日も来ました。」

子どもが看護婦さんの手に渡り、診察が始まる。間もなくして、女医の先生が私の名を叫ぶように呼んだ。

「越原さん、どなたがお母さん？」私だとわかると、先生は娘でも叱るように言った。

「あなた、お母さんでしょ！　何でもっと早く連れてこなかったの！」

「昨日も診ていただいたんですけど、様子を見てと言われて……」

「あなたね、赤ちゃんの様子をわかってあげて医者に連れてくるのは、母親にしか判断できないのよ！　すぐに入院よ。手続きが済んだら説明しますから、病棟に来て下さい！」

何がどうなったのかわからなかった。次男が私の手を離れ、病院に引き取られたこと以外は。

病棟の先生の宿直室のような部屋に上がり、さっきの女医さんから説明を受けた。次男は脱水症に肺炎を併発していて非常に危険な状態だという。肺炎も細菌性なら抗生物質の投与で助かるかもしれないが、ウィルス性なら難しい。いずれにせよ、医師として最善の努力はするが、覚悟しておいてほしい。そんな内容だった。

「ご主人も病院にすぐ呼んで。いらしたら、また説明しますから。」

恐る恐る小児科病棟の集中治療室をのぞいてみた。そこに、まるで何本かのパイプに繋がれたような小さな彼がいた。

小児科医とのコミュニケーション

幸い、次男は細菌性の肺炎であることがわかった。抗生物質が効いて、日に日に病状は回復していった。乳幼児は悪くなるのも早いが良くなるのも早いらしい。

次男の喘息様気管支炎はその後７年もつきあうことになるが、この10日間の入院で私は貴重な経験をした。その一端を、そのときの先生との会話で心に強く残っていることとともに書きとめておきたい。

・長男は具合が悪くなると熱を出した。次の子は具合が悪そうだけど熱がないから大丈夫。そんなふうに、上の子の経験ですべてを判断してはいけない。

・健康というものは、上をみても下をみてもきりがない。赤ちゃんのときに病弱で手のかかる子でも年をとるにつれ、丈夫になるものだ。きっと「あの時は大変だったよね」と笑い話をするときがやってくるから、大丈夫。

・赤ちゃんは痛いところがあっても痛いと言えない。痛みに気づいてあげられるの

はお母さんなんだから、おかしいなと思ったらお医者さんに行くこと。診てもらって
なんでもなければなおさら安心。

入院の際にお世話になったのは、T先生とK先生。以前は、1日2度も受診したことがたびたびあった。子どもが小学校に上がってからは、ありがたいことに、すっかりご無沙汰しているが、子どもの高熱が何日か続いたり、気管支炎でゆっくり眠れない日が続いたりして診ていただくと、「お母さん、もうすぐよくなるから、頑張って」とよく励まされた。母親のメンタル面までも支えてくださる先生だった。

あるときは母親の私を叱り、またある時は励ましてくれたT先生は、数年前に40代の若さでこの世を去られた。深夜、白衣のまま当直室で倒れていたらしい。脳梗塞とのことだった。

その後、その死は病院側から過労死として認定され、新聞にもとりあげられたらしい。小児科医の激務ぶりは少子化のつづく現在でも解決の待たれる課題となっている。

さて、私が働く母親として特に気をつけるようになったことは、早め早めの受診で

ある。熱が出たから受診するというよりも、熱がでそうだから、発熱に備えて薬をもらうという方針だった。また、保育園にはこんなお願いもした。

「先生のご好意で〃多少の怪我や熱なら職場に電話をかけない〃というお気持ちはうれしいのですが、迎えに行った時に初めて熱があるとわかっても、その時間になると空いている医者がありませんので、とりあえず、変わったことがありましたらなるべく早く会社にご連絡いただけないでしょうか。」

そしてさらに、子どもが発熱したとき、夜中でも相談できる相手を見つけておくことだ。私には相談できるところが2つあった。一つは生命保険会社の24時間相談ライン、そしてもう一つは近くの病院だ。病院の方は、24時間電話受付システムがあるわけではないが、診察カードをもっていれば相談にのってくれる。看護婦のお友達を持つのも頼りになる。

ハードな毎日

長男が保育園に通っているため、2人目の入園は最初のときほどの心配はなかった。息子たちの通う保育園には、保育料の兄弟割引があり、2人目は半額、3人目は3分の1という料金体系だった。

4月入園に絞って申し込みをした。1人目の時とは違い、要領もわかっているので、育児も職場復帰もさほど悩むことはなかったが、次男は生後2か月で入院して以来、喘息様気管支炎で、特に夜になると「ゼイゼイ」と呼吸が苦しそうになる。心配で夜中に何度も目が醒めた。そんなときは、朝、会社に行く前に病院で診てもらい、会社が終わり保育園に迎えに行ったその足で二人を自転車にのせ、また駅前の病院にむかうというハードな生活を送っていた。

4時半に起きて保育園の準備や家族の朝食の準備をしながら、同時に洗濯をする。夫を見送り、子どもを保育園に預けたところから、スイッチが仕事モードに切り替わる。電車に乗り、車中のわずか10分とか20分を活かして、さまざまな通信講座の課題に取り組む。そして出社。仕事をこなす。終業時刻になったら走って駅にむかい、電車で地元駅に。駅からは自転車を飛ばして保育園に行き、子どもを引き取って帰宅。お腹がすいてぐずる子どもたちに急いで夕飯を作って食べさせ、風呂に入れて寝かせる。

ゆっくり座る間も考える時間もなく、毎日が過ぎていった。

朝起きた時から疲れている状態だった。毎日を過ごすだけで精一杯の日々が続いていたが、それをなんとか変えなければと考える余裕さえなかった。

森永
牛乳プリン

第6章　キャリアダウンから見えてきたもの

突然のめまい

ある冬の土曜日の朝、トイレに入り用を足して出ようとした瞬間、激しくめまいがした。思わず「ワー」っと声をあげたほどだった。二日酔いでもないのに、頭を動かすたびに目が回る。

「めまい」というと、どこかか弱い女性の感じがして、私には無縁だと思っていたが、いざ自分が発症すると、なんとなく抱いていた憧れどころか、恐怖さえ感じた。

日曜夜間診療センターに行き、薬をもらって飲んだが、いっこうによくならない。寝返りをうっても目が回る。だから、ゆっくり眠ることもできなかった。週明けに大病院の神経外科、耳鼻科で診察を受けたものの、原因は不明。医師からは「疲れとストレスから来ているかもしれないから、休養しなさい」と言われた。

しかし、仕事も育児も休むわけにはいかない。会社を休んで家にいても不安で落ち着かない。といってしまいには会社に行く電車に乗るのも怖く、会社に着いて電話に出るのも怖い。不眠の状態が続き、精神的にどんどん辛くなっていった。

そんなおり、たまたま出勤電車内で〝女性労働１１０番〟というポスターを見かけた。

「東京都で働く女性のために電話相談受付センターを期間限定で開設していますから、悩み事のある方は気軽に電話してください。」

そんな内容のポスターで、そこには電話番号が記載されていた。

翌日、私は公園に行き、携帯電話から〝女性労働１１０番〟にダイヤルした。

「どうされました？」

電話に出たのは、頼りになりそうな女性相談員だった。

「ここに相談してよいのかどうかわからないのですが……よろしいでしょうか？」

「いいですよ。どんなことですか？」

「私は働いていて、子どもが二人います。最近、めまいに悩まされているんですが、病院で調べても特に異常がなく、原因は疲れとストレスだろうと言われています。どこに相談していいのかわからず、だけど、ここに電話したら何かきっかけがつかめるかもしれないと思い、とりあえず電話しました。」

「働きながら、育児もあって大変ね。お子さんは何歳ですか？　男の子？　女の子？」

「1歳と3歳、両方男の子です。」

「フルタイムで働いているの？　ご主人の協力や理解は得られていますか？」

「夫はよく子どもの面倒を見てくれます。家事もよく手伝ってくれる方だと思います。でも、彼も肩書きがありますし、甘えるわけにはいきません。」

「あなたは、普通の社員？　肩書きはあるのですか？　家事・育児の他には趣味などはあるの？」

「職場では係長です。趣味というか、勉強が嫌いではないので絶えず通信教育を受けています。朝、子どもが起きる前とか通勤電車の中で課題を解いています。」

「えー、あなた、頑張ってるわね。妻、母親、係長、そして学生、一人で四役もこなしているのね。それではおかしくならないのが不思議よ。あなたの具合がおかしくなるのは当然、よ。よく、これまで頑張ってきたわ。でも、そんなに頑張らなくっていいのよ。」

「えぇー、まだまだ頑張りが足りないと思っていたんです。だって、頑張ればきっとなんとかなるっていうでしょ。だから頑張りが足りないのかな？って。だけど、頑張ったのに、こんな感じで疲れちゃって……」

話をしているうちに、いつの間にか涙がこぼれていた。

「大変だったでしょ。もう、そんなに頑張らなくっていいのよ、今までこんなに頑張って来たんだから。私になにかしてほしいことありますか？」

「辛いんです、精神的に。誰かに相談したいんですが、カウンセリングしてくださるところなど、教えてもらえませんか？」

「ごめんなさいね。こちらでは特定のお医者はお教えできないの。」

相談員の方は、最初はできないと断わられていたが、どこに行けばよいのかわからないのでお願いしますと嘆願して、やっと2軒ほどメンタルクリニックを教えてもらった。

その後、教えてもらったクリニックに診てもらおうと電話をしてはみたが、いずれも1か月先まで予約でいっぱい。一日でも早く元気になりたいと願っていた私はほかを探すことにした。

それから何日か経ち、私は保育園のママ友達からメンタルクリニックを教えてもらった。

「めまいが続いていて、どうもストレスから来ているらしいんだけど、カウンセリング受けられるところ、知らない？」

驚かれると思ったが、けっこうみんな平然としていた。

「気軽に行けばいいのよ。みんな行ってるよ。」

カウンセリングに通ったことのある人はけっこう多いらしい。そのこともわかって、自分ひとりかかえこんでいることではない気がして、それだけでも少しほっとした。

夫のこと、姑のこと、子どものこと……。家庭を持つと皆いろいろと悩みをもつことになるのだなと実感。

乳房に小さなしこり

「あなたは、強いから大丈夫。いま副用している、めまいの症状を抑える薬で十分。また、相談したくなったら来てください。」

メンタルクリニックに行って、これまでの経緯やら、家庭環境、職場環境、そして自分の性格などを話し、涙をポロポロ流した。というより、心に溜まっていた辛さや苦しみを思う存分吐きだした。過去からたまっていた悪いものをすべて流し出した感じに近いかもしれない。

自分では、内心、強くないからこんな風になるんだろうと思っていたが、「あなたは、強いから大丈夫」と言われ、とりあえず一安心した。診察券の次回予約に〝いつでも、来たくなった時〟と書いてあった。

めまいはその後も続いていた。おそらく、何年もの疲れの蓄積が今ごろになって身体に現れているのだろう。だからそんなにすぐには治らないのかもしれない。それでも、頑張らなくていいと夫や相談員、さらにはクリニックの先生に言われて、いくらかは救われた気分だった。12月も中旬にさしかかっていたのに、年末のあわただしさとは無縁の、どこか朦朧《もうろう》として心晴れない日々を送っていた。

そんなころ、実家の母から電話があった。弘前の叔母が1か月ほど前に乳がんの手術をしたとのこと。叔母のことがたまらなく心配になった私は、さっそく彼女に電話をした。

電話口に出た叔母は、手術に至る経緯を話してくれた。ご近所で乳がんの人が何人かいて、気になって自分の乳房を触ってみたら、しこりがあったのだと言う。現在では乳房温存手術という方法があり、乳房のすべてを切除したわけではないが、リハビリも大変で、再発のことを考えるとよく眠れないとこぼしていた。

夜、風呂に入って乳房を何気なく触っていて、私は血の気が引いた。左の乳房に米粒くらいのしこりがあるのだ。たしかに何度触れてもあるのだ。怖かった。

「しこりなんてわからないよね。だって、触っていると、みんなしこりみたいに思えるもの……」

友人とよくそんな会話をしていたが、やはり判るものだと思った。翌日叔母に相談し、近くの産婦人科で診てもらうことにした。

触診のあと、胸全体を超音波で調べた。

「別に異常はないようだけど……。乳腺症だと思いますよ。」

ドクターはカルテを書きながらそう言った。

「2か月ほど前に叔母が乳がんで手術をしたと聞いて、自分でおっぱいを触ったらしこりがあったので、心配になりまして……」

「そう。なんともないと思いますけど、念のため精密検査をやっておきましょうか。いま、紹介状書きますから、＊＊病院に持っていってください。ここの外科は、確か火曜日の午後が乳腺外来専門だから、電話で確認してから行くこと。今年はもう、乳腺外来はやってないかもしれないな。次の火曜日は、病院はすでに休みに入っているから、年明けになりますね、診てもらうのは。」

何でもないことを願っていたが、精密検査を受けることになった。不安は募る一方だった。

翌日、すぐに紹介された病院に電話で問い合わせをしたが、年明けの乳腺外来は9日からだと言う。念のための精密検査とはいっても、2週間も乳がんの疑いを引きずらなければならない。めまい、そして乳がんの疑い……。その年の暮れは何も手につかない状態だった。

もっと大切なもの

身体的にも精神的にも不安定な私は、あれこれと思いをめぐらした。

「なんのために、働いてきたのだろう？　なんのためにあれほど頑張ってきたんだろう？　一生懸命働いて、子育てもして、勉強もして……。だけど、それで良かったのかしら？　子どものために、そして自分のためにこれでほんとうに良かったの？　私の幸せっていったいなんだろう？」

自問自答の日々が続いた。病気を忘れて家族と一緒にいられる貴重な年末年始の休暇を楽しもうと思うのだが、なかなかそのようには行かなかった。

その年は年末を夫の実家で過ごし、年明けの２日に私の実家に向かった。母は、

「大変ならまず、係長を降ろしてもらったり、家の近くに転勤させてもらったりできないの？　一応やってみて、それでもダメなら仕事を辞めてもいいんじゃないの？」

と言った。自ら55歳の定年まで働き続けた母の意見としては意外に映ったが、それだけに貴重なことばだった。

「私の場合は、育児をおばあさんに任せられたから、働き続けることができたのかもしれない。おまえは、いくらパパが家のことを手伝ってくれるとはいえ、大変だと思うよ。なにか良い方法はないかね？　みんなどうしていらっしゃるんだろうね？」

「先輩たちはどうだったかなぁ？　みんなうまくやってたようだったけど。たしか係長になってから子どもを産んだ人がいたけど、やっぱり係長を降りてたよ。先輩た

ちんがみんなやってこれたから、私もできると思ってたけど、先輩もそのご主人も若くて体力があって、その上お互いの協力があったり、おばあちゃんに見てもらったりしてたから、できてたんだね。私ってオバカさんだ……」

「おまえは年とってから産んでるからね。しかも二つしかはなれていない男の兄弟だから、なおさら大変だね。誰か相談する人いないの?」

「ドコモじゃ、私が初めての育児休職取得者だから……。NTTには先輩も友達も、子どもがいる人たくさんいるけど。」

「だから言ったのに、NTTに残れって。」

「……。あっ! お母さん、あったよ、あった! 特別勤務っていう半日勤務の制度があったよ。思いだした!」

知っているのに気がつかないこともあるものだ。考えがこり固まってしまうと、持っている知識も出てこない。人と話すことによって、活かされる知識もある。つくづくそう感じた。

休暇が明けるころには、めまいの病状は軽減されていた。精密検査の結果も「乳腺症」ということで、ほっとした。

次年度の特別勤務の申請締めきりは1月15日。夫から、

「せっかく頑張って手にいれた肩書きを今失ってもいいのか？　フルタイム勤務に戻っても肩書きが戻る保証はないぞ、それでも後悔しないか？」

そんなふうに強く念を押されたが、考えは変わらなかった。子どもたちと過ごす時間をできるだけ多くとりたいと、迷うことなく思っていた。

一生の終わりに後悔するような人生を送りたくなかったのだと思う。

その旨を告げると、上司は残念がってくれて、「肩書きを外さないように」と頼んでくれた。でも結局決まりだからということで、私は係長を降りて短時間勤務社員となった。代わりに新たな係長が着任した。

短時間勤務になってから自分の所在を失い、最終的には退職したという話を過去に聞いたことがあった。

幸い私の場合、そのようなことはなかった。自分からレールを外れたので、むしろ怖いものなしという感じだった。

確かに従来の仕事の一部は手を離れたが、自分にしかできない、自分のすべき仕事を見つけ出し、以前よりも積極的にそれを提案するようになっていた。

短時間だからこそ、集中もできた。生活も変わった。早く保育園に子どもたちを迎えに行けるようになり、喧嘩による子どもの怪我も減った。私も自分の都合で子どもを叱ることが少なくなり、子どもたちも精神的に安定したようだった。そしてそのことで私の気持ちも安定していった。

しょっちゅう見ていた〝保育園の迎えに遅れる夢〟は見なくなった。

大切なものを手放さないと手に入れられないものがある。言いかえれば、大切なものを失うことを恐れるあまり、もっと大切なものを知らず知らずのうちに逃がしているのかもしれない、ということだ。

仕事と子ども、そのどちらもいっぺんに手に入れようとすると、どこかに無理が生じる。子どもが小さいうちは仕事より子どもに比重をおくライフ・スタイルがいいのではないか。少なくとも私の場合、心の深いところでそれを求めていた。子どもに手がかかるのは数年間だ。子どもが大きくなれば、きっとまたあなたも仕事に力を傾注できるようになる、焦ることはないと思う。

キャリアダウンの思わぬメリット

役職を失った私は、そのことで何か制約をうけるどころか、むしろ自由にいろいろなものに挑戦できるようになった。

解らないこと、知りたいことなら何でも後輩に頭を下げても聞くことができたし、会社として解決すべき問題も広い視野から提案できるようになった。会社の一社員としてとるべき方向性を、上司や組織のしがらみにとらわれて見失うこともなくなった。キャリアダウンすることによって、他人からの評価をさほど考えなくなった分、私は純粋な気持ちで自分の取り組むべき仕事にむかうことができるようになったのだ。

住んでいる地域での私のスタンスも変わった。短時間勤務のお陰で、私は自分の息子たちばかりか、保育園の先生やママ友達、さらにはご近所と交遊をもつことが多くなった。それまでは会社組織の人としか接する機会がなかったが、私は積極的にPTA活動や自治体の活動に関わるようになり、そこから多くのことを学んだ。

自分の考えたことを素直に表現すること。人を育てること。ボランティア精神。地域での私と会社での私が融合して、新しいアイデアや企画が次から次へと浮かんだ。そしてアイデアや企画が浮かぶと、それを表現して誰かに伝えたくなっていった。

女性も男性も若いときはそれなりに上司や先輩から期待され、可愛がられるものだが、特に女性は、年を重ねてくるにつれ、周囲はちやほやしなくなる。ときには冷たいとさえ感じるようなこともある。子持ちになると、もう誰も期待しない。育ててやろうなんて思ってくれる人もいなくなる。子どもを産んだ女性は、自ら学び伸びて行かねばならないのだ。いろいろ浮かぶアイデアをどのように人に伝え、どのように具現化していけば良いのだろう?

そのころの私は、アイデアを表現するのに、いまほど便利にツールを使いこなしていたわけではなかった。現在ではプレゼンテーション資料を、パワーポイントで作成するのが一般的となっている。その利点をあげておこう。

・パワーポイントはハガキ大からＡ３までの資料作成が可能である。
・フォームが豊富。
・セリフが入力可能。
・豊富にカラーを使える。
・ＰＣとプロジェクターとの接続でスライドツールが利用できる。
・アニメーションツールがある。
・音響を利用できる。

つまり、パワーポイントは（これが本来の利用目的であるが）プレゼンテーションに最適なのだ。

聞くは一時の恥、聞かぬは一生の恥。後輩でこうしたソフト面に得意な人がいたら、頭を下げてでも学んでしまおう！

ひととおり、ストーリー性のある資料（私はこれをひそかに「紙芝居」と呼んでいる）ができたら、じっさいに試してみよう！　会議に資料を持ちこんで、プレゼンテーションの機会を得よう。会社のサークルや保護者会、ＰＴＡ、起業家募集など、そのつもりで探せばチャンスは意外とある。

ただし、アイデアが盛りこんである資料は取り扱いに注意すること。アイデアを盗まれる可能性だってあるのだから。

その意味で、紙にプリントアウトして配ってしまう際には、なおさら注意が必要だ。出し惜しみをしていてもいけないが、そのあたりは後悔しないように注意が必要！

最初は稚拙でも、何度も経験を積むたびにプレゼンは間違いなく上手くなる。最初の一歩から始めよう。

次はアイデアの具現化である。自分のアイデアを具体化するには、さまざまな人の力を借りなければならない。

当然、人と人、組織間の調整も必要となる。まだ誰もがやっていないことに挑戦する場合は、厚くて高い壁が立ちはだかっていると思ったほうがよい。途方に暮れることくらい、折り込み済みというくらいでちょうどよいかもしれない。そんなときの私の対処法はといえば、

・辛い時は誰かに相談する。
・必ず実現すると信じる。
・実現の暁にはもっと高いステージの自分がいるのだとイメージし、喜びが待っていると強く信じる。
・ネットの掲示板に書きこんで反応をみる。

そしてそれでもラチがあかず、疲れた時には、子どもに甘えてみる。私はよく、子どものあの柔らかな手に自分の手を握りしめてもらったものだ。

ワーキング・マザーこそ、企業が求めている、生活者ニーズを理解し、生活者の声を企業側に伝達しうる存在だと私は信じている。そして企業にしても、日本人の出生

率が、1.29（二〇〇四年現在）に落ち込んだ現在、働きながら出産し、子育てできる環境を提供できることが求められているのではないか。

ワーキング・マザーを活かすこと。これこそが21世紀の社会を切り開く第一歩だと思う。私たち女性も、夫となるべき男性たちも、そして彼ら彼女らをかかえる会社や社会全体が、その事を、今なによりも問われている。

まずは思うことからはじめよう

「心に思ってないことは、実現しようがないんだよ。逆に、いつもそうなりたいと思っていればきっとそうなるものだよ。」

よく、こんなことばを耳にするが、キャリアダウンと引き換えに短時間勤務制度を利用した4年間の私を支えたのも、まずはそのように強く思うことにあった。

そしてその結果、この4年の間に、私はいくつものサービスを開発し実現してきた。キャリアアップこそできなかったが、ひとつひとつが私の血となり肉となって、いまの私を形成している。

サービスのほかにも、人前でことばに出しておいて実現したことがある。そのひとつが松永真理さんとの出会いだ。

私が松永真理さんに興味を持ったのはなによりも「ｉモードの生みの親」ということからだった。

ｉモードでは、モバイルバンキングシステムも評判になった。私はそれが実現される１・２年前に、ドコモ経営企画部主催の「新サービスアイデア募集企画」に「携帯電話によるモバイルバンキングシステム」を提案したことがあったのだ。

その時は私のアイデアにたいし主催者から５００円の図書券が参加賞として送られてきただけだった。それがｉモードでは実現されている。アイデアだけならだれでも持つことはできる。だがそれを具現化するのはむずかしい。この違いはなんだろう、と思った。松永さんはそれができる存在であり、ｉモードは松永さんがいたからこそここまで普及した。だからアイデアを実現させた松永真理さんに会ってみたかったのだ。

この願いは「松永さんに機会があったらぜひ一度お会いしてみたいです」と声に発した数か月後に、実現することになった。

初対面は小さなミーティングルームでだった。小柄でかわいらしい感じの人だった。松永さんはプロジェクトのメンバーとして、私は主婦の立場を理解しているということでオブザーバーとして。

主催側のＭ女史が司会・進行役で私に質問する。私は発言する。そして松永さんが打てば響くように応じる。

「へー、そうなの。それいいわね、ちょっと待ってね、メモしておくから。」

その反応がとてもうれしかった。とかく大きな組織では部・課長クラスの会議の席で、私のような平社員が発言しても、大抵は否定されるか、反応がない。ましてや「それいいわね」なんて意見がかえってくることは皆無だったから、松永さんの一言一言がとても新鮮だった。

「ｉモードが売れなければ、自分が頭を下げても知りあいに売って歩くつもりだったわよ。だって、自分が作った自信ある商品だもの。」

このことばも心に残っている。

松永さん自身が40歳から転職し、成功を収めたということも、30代後半の私をとても勇気づけた。アイデアや企画というものは「たとえAさんに認められなくても、Bさんが認めてくれる場合もある」のだ。そう思ってから、私は以前にも増して積極的に発言できるようになっていった。

夢を実現したいのなら、恥ずかしがらずに公言すべきである。誰かがそれを覚えていて、やがて実現に一役かってくれるかもしれないのだから。

一度に三つのチャンスが……

人生には、ときにチャンスが二つも三つも同時にやってくることがある。そんな時、あなたならどうするだろう？　どちらかを選ぶのだろうか？

ようやく次男が小学校に入学した。育児と仕事の両立を目的に利用してきた短時間勤務の制度がその年で満了となる。フルタイムになれば、仕事にこれまで以上に力を注ぐ自分が見えていた。

〝もう一人子どもをつくろうかな？〟

そんな思いがふと脳裏をよぎった。もともと子どもは3人ほしかった。一度フルタイムに戻れば二度と子どもは作れないだろう。年齢も40歳を超えていたから、妊娠・出産も最後のチャンスだ。

そんなとき、ほとんど同時に海外出張のチャンスが到来した。

私はそれまで4年間やってきた仕事をライフワークにしたいと考えていた。折よくイギリスで開催される国際会議で自分の仕事の成果も発表できる。国際会議で海外の通信事業者と意見交換できるのも魅力だった。

だがそれだけではなかった。同時進行で社内起業家のチャンスもめぐってきていた。

私は、とりあえず4月・5月に妊娠に挑戦し、その結果がどうでようと、海外出張には行こうと決めていた。子どもを妊娠するとまた、育児が落ち着くまで当分海外出張は無理だから、どうしても今度の国際会議には出席したかった。

国際会議は６月上旬、社内ベンチャーの応募締めきりは５月中旬。ちょうど国際会議の資料提出期限と重なる。両方を作ることは時間的に不可能だったから、私は海外出張を優先することにした。

そう決めると、子どもを持つ身として、海外出張までに解決すべき課題がたくさんあることに気づいたのだが、ステップアップのためにぜひ出席したい会議だったので、そう簡単に諦めるわけにはいかない。一つ一つ思いつくままに課題をあげてみた。

・最低でも４日間、子どもの面倒を誰にみてもらうか？
・夫の了解が得られるか？
・通訳を誰にお願いするか？
・海外出張を短時間勤務者に許容してくれるか？

まずは夫に対し、こう言って最初の二つの課題をクリアした。

「今後、現在の仕事でステップアップするには国際会議の出席がぜひとも不可欠で、どうしても出席したいの。子どもはあなたの負担にならないよう、近所のママ友達に協力をお願いするか、実家の母に来てもらうから。」

これで夫の理解を得た。通訳は国際事業部の部長に同行していただくことで解決。係長、課長、部長は説得した。あとは人事担当者の反応のいかんにかかっていた。

翌日、課長から結果について話があった。

「人事担当者は〝短時間勤務者は海外出張に行けない〟と回答してきた。残念だが、国際会議へは別の担当者に行ってもらう。」

私は納得できなかった。社内の規定上は、特別勤務者は海外出張に行けないという文言はどこにもなかった。おそらく担当者としては、短時間勤務者は育児理由で仕事時間を短くしているわけだから出張に行くのはおかしい、ということだろう。しかし、たとえ短時間勤務であっても、子どもが幼くても、仕事に対する情熱は失っていないのだ。抗議したいところだったが、海外出張不可は〝ベンチャーに応募しろ〟という何かのサジェストかもしれないと考えることにして、企画書づくりに専念することにした。

もちろん、妊娠していたらベンチャーなんてできない。「一次審査がもし不合格なら"3人目の子どもを作りなさい"ということだ。」そう考えることにして、今度は社内ベンチャーの審査結果を待つことになった。

「女性支援情報提供事業」

ベンチャーの企画書は主に自宅で作成した。会社の業務とはいえ、本来の仕事ではないので、勤務時間内にはできなかった。私の場合、短時間勤務だったから、なおさらである。

企画書のタイトルは「女性支援情報提供事業」。

インターネットを利用して、働く女性に対し生活と仕事の両立を支援する情報やサービス・商品を提供しようというものだ。具体的には、女性用サイトの企画・運営と、行政・自治体の女性用コンテンツの企画・制作請負、および企業イントラネットの育児・介護・福利厚生コンテンツの企画・制作請負である。

女性用ポータルサイトでは、30代から40代女性に〝働く〟ことをキーワードに行政のサービスや企業のサービス、商品情報を提供したいと考えた。困った時に答えてくれるコミュニティーも形成し、働く女性をサポートしたいと考えていた。

自治体・行政に関しては、男女共同参画関連のコンテンツの制作請負を行い、女性の地位の向上をさらに進めたかったし、女性に多くの負担を強いる世の中を変革するお手伝いがしたいと思った。

行政もそうだが、企業イントラにおいても、とかく縦割りの組織のままに制作されている利用者に不便なコンテンツを、育児・家事と仕事との両立を願う生活者の立場にたって整理しなおそうと思った。そうすることで、利用者の精神的負担を軽減し、ワンストップで情報提供することにより、利用者の時間を有効にセーブできたらと考えたのだ。

目指すは、男女が仕事をしながら子育てできる社会の実現。そのための情報が流通するしくみを構築したかった。それがベンチャー会社のミッションだ。そして、それを提案し、具現化することが私のミッションだと感じるようになっていった。育児と仕事の両立に悩む後輩たちに向かって「大変なのは今だけよ。やがて楽になるわよ」と、言いっぱなしにはしたくなかったのだ。

7月に入り、ようやくベンチャーの一次審査結果が届いた。〝一次審査通過〟である。客観的にアイデアが実現されるべきだと思っていたが、当事者としては、まさか合格するとは思っていなかった。

「やったー！　ママやったよー！　試験に合格だぁー。君たちのお陰だよ。君たちがいてくれたから、合格したんだよ。ありがとう！」

帰宅するなり、突然訳のわからないことを言いながら泣きだす母親に、息子たちはキョトンとしていた。

「ママ、どうしたの？　何で泣いてるのぉー？」

「人間てさ、悲しい時にも泣くけど、すごくうれしいことがあっても泣いたりするんだよ。ママさ、今すごくうれしいの。君たちを育てるのはすごく大変だけど、君たちがいてくれるから、幸せもいっぱい！　ありがとう！」

子どもたちを抱いて喜んだ。

あとにも先にも素直に喜ぶことができたのは、一次審査の合格通知を受けた時だけだった。

それから半年して二次審査を、そしてまた半年ほどして最終審査を受けたが、合格しても責任の重さを感じるようになり、単純に手放しで喜べる状態ではなかった。

審査を受ける際にも困難はいくつかあった。本来の業務とベンチャー資料作りのバランスのとり方。自宅での家事・育児と資料作成作業のバランスのとり方。

「なぜ、わざわざ困難な道を選ぶのか？」

そんなふうに質問された時もある。

「社長になんかなったら、子どもの面倒を誰がみるの？かわいそうでしょ。」

そんなふうに言われたこともあった。一時期は、子どものためと短時間勤務を選択しておきながら、今度は自分の都合で社長業を選択しようとしている……。

矛盾しているようだけど、子育て支援をするベンチャーの社長が自ら子育てしたっていいんじゃない。私たちは妻であり、母親でもあり、一人の人間でもある。生を受けたからには、自分の人生を思いっきり生きてみたい。たとえ困難な道であっても、その先の可能性を信じてチャレンジしたい。私はそう思って、突き進んだのだった。

第７章　起業後の家族と私

占いと両立

起業する年の正月、占いをしてもらった。

仕事と家庭の両立はステージごとで異なる。シングルの時はいかに仕事と生活を充実させるか。ダブルになったら、相手のために家事が発生する。そして子どもが生まれたら、今度は育児が発生する。トリプルバランスだ。両親の介護を抱えている人は、介護と仕事と生活のトリプルバランスになるだろう。

職責でのバランスもある。担当者としてのバランス、管理者としてのバランス、起業者または経営者としてのバランス……。キャリアアップするたびに両立の形態は変わってくる。

私は占いで善い事を言われたためしがないので、「絶対、悪いこと言わないでくださいよ」と占い師に釘をさして「仕事」に関して占ってもらった。

「ウーン、あなたは両立のできるめずらしい人だね。」

これが第一声だった。当たり前である。今現在、両立しているのだから、とそのときは思った。しかも「めずらしい人」だなんて、私の周りには共働きは何人もいる。

起業して2年たった今は「やはり、両立は難しいかもしれない」とも思う。占い師の言ったことはどうなのだろう。

起業当初は〝ワーク・ライフバランス〟を推進する私自身が家庭を疎《おろそ》かにしてはいけないと考えていた。

〝家庭を大切に〟と思うものだから、仕事が溜まっているのに家に帰ってしまう。家に帰っても仕事が気になって家事・育児にイライラする。家にいては仕事を考え、会社にいては家庭を考え、苦しい日々が続いた。休みをとっていても不安でしょうがなかった。

この悩みは「仕事のことが気になって休んでいても苦しい。今度の休暇は家族と別行動にしたい」と家族の前で発言できたことで解消された。夫は「お前に社長なんか務まるわけないだろう」と言っていた人である。

それが「子どもが寂しがるけど、そうしなさい」と理解をしてくれた。

他にも悩んだことはあった。子どもの成績が落ちこんだ時である。私は長男を中学受験塾に通わせていた。起業前はよく勉強を見てあげた長男の成績が、起業してからはみるみる下がった。子どもというものは「親が〝やりなさい〟と目をひからせないと勉強しないものなのだ」と思った。でも、それだけではないようだった。子どもは親がそばにいるだけで〝見てくれている人がいる〟と安心して勉強するものなのかもしれない。

起業後の成績低下に関しては、夫からも相当言われた。「今が子どもにとって一番大事な時だ。子どもの面倒も見られないでお前はそれでも、母親か！」という調子である。この時も悩みはしたものの、結局は「ママにもママの責任においてやらなければならない仕事がある。もうママは勉強を見てあげられないから、自分自身で頑張りなさい。受験に失敗しても、自分の責任よ」と子どもに言いきかせ、夫にも「私も今が正念場だから、できることはやるけれど、以前のようには面倒みられない」と宣言をした。

受け入れられるかどうかは別にして、「どうせ、言っても理解してもらえないから」と思うのはいけない。人のせいにして逃げているだけかもしれないし、相手に失礼だ。経営者としてならまだしも、創業者である。実績のないところからのスタートだった。短時間勤務の生活からわずか1年、一変して休日も昼夜もない生活に突入した。家族も戸惑ったことだろう。

両立は自身も家族も努力しなければ実現できないことかもしれない。自分自身との葛藤もあれば家族との言い争いもたまにはある。しかし、そうやってこそ、家族を構成する一人一人が成長し、そしてまた新しい家族の形が作られていくのだと思う。

「心のゴミ箱」と笑い袋

いつごろだったか、どなたかのエッセイで「心のゴミ箱」という表現を目にして、はっとした。たしか「〝心のごみ箱〟を持つことが大切」という内容だったと記憶している。著者は「何でも話せる友人」のことをそう呼んでいた。夫のこと、子どものこと、仕事のこと、親のこと、自身のこと。心配事やらグチやらをなんでも吐き捨てられる真の友人のことだ。

私にもそんな友人がいる。知り合ったきっかけは、ただ子どもの保育園が一緒で近所に住んでいたというだけだったが、やがて、本音で話すことができるようになった。彼女はすでに遠くへ引越し、数か月に1度くらい電話で話す程度だが、今でも彼女は私の心の支え、つまり「心のごみ箱」である。彼女は単にこちらの話を聞いてくれるだけではなくて、話を聞きながら、私がほんとうはどうしたいのかを明確にしてくれ、ときにはそのためのアドバイスもくれる。

「心のごみ箱」というより、〝心のドロップス缶〟という感じが適切かもしれない。疲れた時、缶を開いて中から出てくるさまざまな色のドロップスは私に勇気を与え、元気をくれる。

働く女性はしばしば職場でも家庭でも、地域でも、鎧《よろい》を着がちだし、また着ないではいられない。会社では弱みを見せられないし、家でも夫に甘えられない（ばかりか、家事も育児も手伝ってくれないこともある）し、地域活動でも主婦との会話になじめない。「誰もわかってくれない」と感じてどんどん孤独に陥ってしまう。でも、もしかしたら身近に〝心のドロップス缶〟になってくれる人がいるかもしれない。

私は「心のゴミ箱」の他に〝笑い袋〟も持っている。なんでも笑いにしてくれる主婦友達だ。とにかく、主婦はおおらかな人が多い。仕事上の利害関係など考えなくて良いし、職場での鎧《よろい》など着ける必要もないから、甘えられるし素直になれる。しかも、世間（地域社会や家庭生活）のことに関してはこれまでに費やした時間から言って経験豊富なベテランである。生活に関して解らないこと、地域社会のことは主婦友達に聞くにかぎる。

ことに、駄洒落や冗談などを言って笑い合える〝笑い袋〟は貴重だ。仕事で落ちこんでいる時には「仕事だけが人生じゃない！」なんて思いにさせてくれる。

結婚して二人になり、子どもを産んで家族が増えると、喜びも多くなるが、その分苦労や悩みも増える。深刻になる前になんでも相談できて笑い飛ばしてくれる友人は、あなたの心を随分軽くしてくれるはず。焦らなくてもいいから〝心のドロップス缶〟と〝笑い袋〟を見つけよう！

私の〝トンネル〟脱出法

時々だが、心がトンネルに入ってしまうことがある。

とても疲れていたり、ふとしたことがきっかけでトンネルに迷いこんでしまうのだ。暗くて深い穴のようなトンネル。どの方向に進むべきかも判断がつかない孤独なトンネル。

そんな時はどうしよう？

私は並行していくつかのアクションをおこす。ひとつは、自分の方からいろんな人に「今、大変なんです。出口の見えないトンネルに入っちゃいました」と告白して、笑う。たいていは「どうしたんですか？」と訊かれるし、場合によっては脱出方法をサジェストされることもある。

もうひとつは、家族に甘えること。不安で眠れないときは、子どもと抱き合う。まだ小学生なので、子どもたちは抵抗なく（逆にうれしそうに）私と抱き合ってくれる。子どもが先に寝てしまっている場合は、手をつないで寝る。

寝るときに、ストレスを和らげる香りを手首につけることもある。癒《いや》し系の香りを気に入っている。

夫に甘えることもある。「もう、ストレスに負けそう、気分を変えたい」という時は、「疲れたから、何かいい音楽を聞かせて」と、夫にたのむ。夫は不思議と私のその時の気持ちにあった選曲をしてくれる。音に関する感性は誰にも負けないと自負する、無類の音楽好きである。私はというと音楽を感覚でしか理解しない性格で、曲名もアーチスト名も覚える気はないが、良い曲を聴いて、何だか素敵だと思うだけである。涙の少しも流せば、気分も変わり肩のチカラも抜けて、トンネルの出口も見つけやすくなる。

トンネルに入ると、人と交わるのもなんだか億劫になりがちだが、そんな時こそ、問題解決のため内面に目を向けると同時に、セミナーに参加するなど、積極的に外に目を向け、新たに人と出会うのもよいだろう。

時間が足りない

セミナーなどに呼ばれると、ほとんどといってよいくらい、こんな質問をうける。

「家事と育児と仕事で自由な時間なんてありませんよね。企画を立てると言ったって時間がないと思うんです。越原さんはどうやって、時間を作るんですか？」

そう、私にも時間的余裕はなかった。いや、起業したいまはもっと時間がない。胃が痛い、腕が痛いといっても有給休暇を充てて病院に行くヒマもなければ、少し子どもの面倒を見てねといつでも頼める親戚も主婦友達もいなかった。ワーキング・マザーには「せめて、1時間でも寝させて」という人も少なくないだろう。

では、どうしたらよいのだろう？　実際できるかどうかは別として、イザという時

（辞めるしかないと思った時）のために、いくつか時間を生みだすためのヒントを挙げておこう。ご自分のいまに合わせて選択してもらえれば、と思う。

■時間がなく、辛い状況を回避する方策

キャリア現状維持

・親に協力してもらう。

・二重保育をする。

・夫に協力してもらう。

キャリアダウン

・配置転換してもらう。

・役職を降りる。

・短時間勤務にしてもらう。

一番避けたいのは、選択肢が他にあることに気づかず、最初から退職を選んでしまうことだ。会社に申請する前に、どこかに相談してほしい。都道府県の労働局に相談したり、ネットで調べてみるのも良いだろう。

私の場合は、下の子どもが1歳を過ぎた頃から、会社の通信教育制度をよく利用した。

朝、家族が起床する2時間ほど前に起きて勉強する。もちろん洗濯機を回しながら、朝食の用意をしながらのナガラ勉強である。家族が起床を始めたころに本を閉じる。

そして、夫を送り出し、子どもを保育園に預け、最寄り駅に着いたら、また勉強開始。乗り換えありの通勤電車だったが、わずか10分、15分の細切れの時間こそが私の自由時間であり、集中できる時間だった。いまもそうかもしれない。

私は約4年間で10以上の講座を受講し、自分で言うのも気恥ずかしいが、全て優秀な成績で修了した。そんなやり方で、国家資格も2つ取得できた。その時受講した簿記・販売士・中小企業診断士などは会社経営に若干ではあるが役立っているし、HP作成講座・情報整理術、コミュニケーション技術講座なども役立っている。

独学では、数年前にカラー検定の資格も取得している。通勤時間は働く人なら誰にでもある時間。私はこのわずかな自由時間の間にアイデアを絞り、企画のベースを作り、プレゼンのシナリオを覚えた。告白すれば、この本の原稿も、ほとんどそうした時間を利用して書いている。

で、わずかな時間の有効活用と集中力はどこからくるのか？

それは、その「面白さ」をどのようにイメージするかにかかっている。とても単純なのだが、私にとって、通信教育の課題や問題は「パズル」そのものといった感じ。企画書の作成は部分的には「図画・工作」であり、プレゼンは「パフォーマンス」。仕事やキャリア上ではそのように考え、他方、家庭生活では、料理は「家庭科」であり、さらには「理科実験」「図画・工作」と考えた。子どものしつけは「問題解決」、子どもとの遊びは「体育・レクリエーション」および「図工」といったところ。

こんなふうにいうと「それでは仕事と家庭の区別がつかない。精神的に休まる間がない」と心配される方がいるかもしれない。でも、心配するには及ばない。仕事を家に持ちかえってやらなければならないのと違って、制約の外で、家庭での発想を仕事に結びつけるのだから、自由に楽しく考えれば良いと思う。おまけになにか面白い知恵やヒントが浮かべばもうけもの。

仕事と家庭をすっかり切り離すのではなく、家庭を仕事に活かすと考えれば、子どもを持ち、育てることが必ずしもハンデやキャリアダウンに繋がるとは言えなくなる。これもちょっとした逆転の発想。世の中のマーケティングのキーワードは、今、消費者思考・消費者感性である。消費者であるあなたが感じ考えたことを、仕事で提案し、そうした企画が通れば、やがて社会全体がもっと女性に優しく消費者に優しいものになってくるだろう。

企業人でも、実はみんな消費者。このコンセプトは、どんな企画やアイデアにも欠かせない。そのことを私は、ワーキング・マザーだからこそ身をもって学んだように思う。

働く母親《ワーキング・マザー》には物理的に時間が足りない。けれど、その状態が未来永劫続くわけではない。子どもが成長するにつれ、あなたにも自由な時間が少しずつとれるようになる。

あなたが望めば、やがてあなたにも仕事に全力を注ぐことができる日がやってくる。だから今は大変だけれども、あまり悲観的に考えないでほしい。きっと子育ては、あなたの生活と仕事に思わぬ広がりを与えてくれる。そしてあなたにもチャンスがきっとやってくると信じてほしい。

私のオシャレ法

必死に子育てをしているワーキングマザーに対し、「疲れきっていて、ああはなりたくないよね」といったことばを耳にすることがある。

でも、ワーキングマザーのだれもがそうだというわけではないし、かりにそうだとしても、いつまでもそのままではいけない。時間的余裕ができたら、収入もあるのだから自分にオシャレをさせるのも大切。

私の場合、子供を産んでオシャレに関して変わったことは、〝人に見せるオシャレ〟ではなく、〝自分で楽しむ自分のためのオシャレ〟になったことだ。

で、服装・ファッションについて私がどうしているかを一言。

企業の社内向け育児・介護コンテンツや、働く女性向けコンテンツを企画・制作している関係上、私はサイトに掲載する〝働く女性〟のイラストや写真に、とても気を使う。世間が抱いているイメージはいまだに働く女性＝制服またはスーツ姿のＯＬであり、お母さん＝主婦、中年の女性＝ゴムのスカートである。

じっさい、私がスーツを購入する時も、状況は変わらない。ショッピングモールの婦人服ショップに飾ってあるのは、若い女性用に胴やウエストがシェープされたものがほとんどだ。年齢相応に中年女性向けの婦人服ショップに行くと、今度はイベント用のスーツばかり。30代、40代のキャリア女性の着る服は一体どこにあるのだろう？

ちなみに最近私が購入したブランドは、仕事用スーツが「M-premier」「NEW-YORKER」「BENETTON」。カチッとしたシャツは「J. CREW」「NARACAMICIE」、少しヒラヒラと女性らしくしたい日用のブラウスやスカートは「rêve de bijoux」「FRAGILE」といったあたり。もちろん、ショップに行く時間はあまりないので、通信販売も積極的に利用する。

そしてメイク。

プレゼンの時や会議の時は、やはりできるだけ綺麗に見せたいと思うのは私だけではないと思う。一生懸命作った資料を、そのときの自分のイメージで壊したくないからだ。前日は早く就寝して翌日は爽やかに……と行きたいところだが、ワーキングマザーはそうも行かない。

そんな時に欠かせないのが「目に張りを持たせるアイクリーム」や「透明感のある肌作りには白いクリームファンデーション」。「テカリを抑える粉おしろい」も必須アイテム。

アイメイクやリップラインも、若い時の流行をそのまま守っている人を時おり見かけるが、それはＮＧ。行きつけの化粧品店をつくって、たまには気分転換も兼ねて最新のメイク・テクニックを習おう。メイクスタッフと仲良くなれば、いろいろ相談にものってもらえる。アイラインの入れ方ひとつで、何歳か若返ることは確実。プレゼンの内容とは一見、関係ないように見えて、人は予想以上に見かけ《フォルム》に判断を左右されている。

子どもが小さいうちは、本当に時間がなく、オシャレに気をつかっている余裕なんてない。

赤ん坊のうちは、せっかく素敵な洋服を着ても、だっこでしわができたり、よだれや鼻水で汚されることもしばしば。逆に汚さないようにしようとすると、だっこされたくて寄ってくる子どもに「汚しちゃダメ」なんて怒らなければならなくなって、赤ちゃんがカワイソウ。赤ん坊を抱いたまま転んでもいけないので、ヒールの高いくつも履けない。

こんなふうに、ある時期、オシャレを忘れたかのような生活を送らなければならないが、大丈夫。すぐにハイヒールを履いて颯爽とスーツを着こなすあなたに戻れますから。

40歳を過ぎると、顔にその人のこれまでの生き方や性格が現れるようになってくる、と言われたりする。その年齢までは、親にもらったもの、受け継いだものがその人らしさをつくるのだが、年をとるにつれ、その人自身の内面が表面ににじみ出てくるようになる。だから本当の美しさとは、その人自身の生き方が現れる年を重ねてからのことをいうのだろう。

お前なんか、もう帰ってこなくていいぞ！

夫とは25歳の時に恋愛結婚をした。彼との結婚を公表した時、彼の親友を除いて、彼を知る私の知人のほとんどが口をそろえて「彼とは一緒にならないほうがいいよ」と忠告してくれた。彼にそのことを告げたところ、

「お前は、知人・友人とこれから一緒になろうとしている相手と、どちらを信じるのか？」と返ってきた。そのとおりだと思った。

結婚してからも、専業主婦にあこがれたり、仕事とは別にやりたいことを見つけるたびに、

「仕事辞めようかな?」と切り出すと、夫はかならずこう言うのだった。

「辞めて何するんだ。辞めたければ辞めてもいいけど、今くらい稼いでこいよ。」

子どものいない二人だけの頃は、よく飲みに行った。お酒を飲みながら音楽を聴き、おしゃべりも山ほどした。そして喧嘩も。

新婚当初、料理も掃除も片付けも〝女性がしなければならないこと〟と思い込み、こなすほどに元気のなくなる私を見るに見かねて、

「いくらでも手伝うから言えばいいだろう。手伝っちゃいけないのかなと思って黙ってたけど。もうひとつ言っておくけど、お前は不満をためているといつか爆発するタイプだから、言いたい事があったら、小出しにしろ。」

夫はそう言い、以降、掃除・洗濯・料理を手伝ってくれた。

子どもが生まれてからは、育児も手伝ってくれた。だが、どこの家でもそうだろうか？ 一人目は抱いたりベビーカーを押したり、とても協力的だった夫が、二人目の育児にはあまり関わらなくなった。〝君は育児、僕は仕事〟というような役割分担

がいつの間にかはっきりできあがっていった。そして子どもが大きくなるにつれ、夫は躾《しつけ》に厳しくなり、子どもをかばおうとする私と対立するようになった。

「子はカスガイというが、わが家の場合は逆だ。子どもができてから夫婦喧嘩が多くなった」と度々思った。そんなときは、「子どもたちの育児が落ち着けば、やがてまた二人で行動する日がやってくる。昔のようにジャズを聴きながらお酒を飲んだり、絵画展や旅行にも行ける」と考えるようにした。

今年、仕事が一段落した時期を見計らい、一人で京都まで二条城の障壁画展を観に行くことにしていた。

家族に話したところ、夫も行くと言う。「子どもをおいて二人だけでは行けない」と言ったのだが、夫が４人で行くことに反対し、結局ある土曜日、夫と二人で京都へ出かけた。京都市美術館の狩野派による障壁画を観たあと、先斗町でゆば懐石をたのしみ、二条城を散歩し、夜帰宅した。

子どもにとっても親にとっても、ちょっとした冒険だった。帰宅後、子どもたちが一回り大きく成長したように見えたのは気のせいだろうか。

夫はよく私にこう言う。

「お前なんか帰ってこなくていいぞ。」

仕事を思いきりやってから帰りたいと思っている時、そのことばはとても有難い。ところが喧嘩をしている時、そのことばは重く冷たく響き、喧嘩を助長する。発する方の気持ちが違うのか、受け手の気持ちが違うのか。

いずれにせよ、私たちはきっと数年後にまた、昔のようにどこかのカウンターで二人で音楽を聴きながらお酒を飲んでいるに違いない。

子どもと一緒に暮らせる時間は、ほんの20年ちょっとにすぎない。私たち母親にも、その先は長くあるのだから。

ママの夢は何なの？

「ねぇ、お母さんの夢はなんだったの？」と訊《き》くと、母は「生きるので精一杯で夢なんてなかった」と答えた。

「ねぇ、ママの夢は何なの？」と子どもに訊かれ、「絵描きになりたかったんだ」と私は小さい頃の夢を話す。

「ママ絵描きになるの？」

「なるの？って、なりたかったの。もう、なれないよ。」

「なんで？」

「もう、おとなだから、無理なの。」

子どもは不思議そうな顔をしていた。

人は大人になるにつれ、世の中の荒波にもまれて挫折したり、夢をなくしたりする。そして、あらゆる面において可能性がなくなると思っている。

先日、帰郷した時、たまたま入ったギャラリーで絵画展を観た。絵を描いたのは私の1級上の先輩だった。高校の時、その先輩は朝な夕なに絵ばかり描いていた。私はその先輩を見て「画家になりたいのなら、あんな風な生活ができなければならないのだ。いいかげんな私にはとても無理」と考えた。それでも高校3年になって美術を専攻し、デザインの専門学校に行きたいと考えた私は、親に言われて才能の有る無しを美術教師に尋ねた。先生は言った。

「血は流れているぞ。流れているけど、俺としてはだな……君は芝居の道に進む気はないのか？　そちらの才能の方が優れていると、俺は思う。どうだ、絵より芝居をやらんか？」

確かに演劇部に所属して活動はしていたけれど、役者になるつもりは全然なかった。画家になりたいと言っただけで「道楽者」と呼ばれる。「大学に進学したい」と言うと、「女に学問はいらない」と言われる。とにかく、自立を願う親だった。

ちょうど、その頃、役者を夢見て受験勉強をしていた友達がいた。ワハハ本舗の柴田理恵ちゃんだ。彼女とは演劇クラブのイベントで知りあった。上京してからも、よく、公演の連絡を受けて観に行ったものだった。

みな、5年先、10年先を見て生きていた訳ではないかもしれないが、結局は20年あまりたって夢を実現している。私の方も企画書を作成したり、コンテンツやセミナーのプロデュースやディレクションをすることによって、絵などの創作者になったり、シナリオを使ったり、パフォーマンスをして、それはそれで夢の一部を実現している気がする。

ベンチャーの審査に合格する前、大きな組織の一員であった時、私は一番出入り口に近い席に座っていた。出産して、子どものためにと異動を希望し、短時間勤務を選択した身上なのだから、当然と言えば当然である。

しかしだからといって、いつまでもそのままということもない。行動に移すことをためらっていては、可能性はない。私たちは「歳をとると、可能性がなくなる」と思いがちだが、自分でチャンスを見送ってはいないか？ 歳をとったことや組織の歯車であることを言い訳にしていないだろうか？ もしかしたら、今、あなたが行っている仕事や生活の延長線上にあなたの夢が、ころがっているかもしれない。

先日、第三世代携帯電話「ＦＯＭＡ」のメニューをみながら、職場の末席にいたときに自ら提案し開発を実現させた機能がそこにちゃんと搭載されているのを確認して、うれしくなった。眠れないほど悩んで社内調整をし、勉強しながら書いたそのときの要望仕様書が懐かしく思い出された。と同時にあのときご助力いただいた方々に感謝したい気持ちでいっぱいになった。

起業で何が変わったか？

さて、起業は私に、どんな変化をもたらしたのだろう？　私を取り巻く環境はどう変わったのだろう？

六〇〇〇人の組織の中から、社員一人の会社へ飛び出した。通信業界からＷＥＢコンテンツ業界への転身である。業界も未経験なら経営も未経験。最初から上手く行く訳がない。苦労の仕方も解らず、ただ戸惑うばかりだった。

事務所選び、通信機器の手配、スタッフの採用、コンテンツ設計、システム要件の決定から、事業計画、経営戦略、企画書作成、アポとり……何から何まで一人でしなければならない。これまで、組織の中で当たり前にできていた経理作業や仕様書・企画書の作成、事業計画などが、一人になると全くできなくなった。

もちろん、稼働すべきスタッフがいないせいでもあるが、理由はそれだけではない。組織の中で、私は何百分の一かに相当するその一部を〝システム入力〟していただけだと気づいた。組織の中で人に動かされ、また、人を動かしていたにすぎなかった。

社内ベンチャーである以上、親会社への報告物も数えきれないくらいある。ところが資料をもとに報告を作成する側は一人である。「報告ができない」と言えば、「人を雇えば良いじゃないですか。越原さんは、報告物の作成ではなくて、もっと別の〝越原さんにしかできないこと〟をやるべきですよ」とみなさん口を揃えておっしゃる。

しかし、創業したての会社はそうは行かないのが現実である。会社の理念・方針などが作業ベースに充分落としこまれ、皆に理解されるまでは、創業者は何事も人任せにできない。それを任せてしまうと、創業者自身が操るどころか操られる心配があるからだ。

自分の価値観の変化にも驚いた。親会社では、1年に1回昇格の検討がなされる。私の場合は、もう8年も昇格していなかった。前回ランクアップして3年目で短時間勤務に切り替え、それを4年も続けているせいだと起業前は自分に言い聞かせていた。ところが今年の昇格日前日、親会社の部長に呼ばれ、「今年は昇格する」と告げられた。全く期待もしていなかったし、そのようなことを思い出す余裕もなかったので、不意をつかれた。

翌日、昇格通知を待つ列の中にいて、私はなぜか悲しかった。

「この昇格通知一枚が欲しいために、私はこの8年間家庭を半ば犠牲にして働いていたのか。」

そう思うと虚しかった。「昇格はどうでも良いから、それよりも私の今のミッションは、会社の黒字化を少しでも早く達成することで、その方が大切だ」と価値観が変化していることに気づき、自分で驚いた。

身体も変わった。「慢性胃炎・胃潰瘍・十二指腸潰瘍」がなくなったのだ。組織にいたころは、よく胃痛・腹痛に悩まされたが、起業してからは全くない。ピロリ菌除去の成果と思ったが、それだけではなさそうだ。

睡眠時間も7～8時間から極端に減った。通常は5時間ほど、締め切りで徹夜もあれば2～3時間睡眠のことも多い。残業続きで、大企業にいた頃のように休日も確保できないが、風邪もひかない。そのかわり、生理は不順になった。何か月も生理がこなかったり、不正出血が続く。産婦人科で検査をしても〝異常なし〟。

「最近ストレスありませんか？」

「今年、起業しましたから大変ですけれど、まだストレス性胃潰瘍になっていませんし、風邪もひきません。」

「ホルモンのバランスが崩れているから、不正出血するんですよ。ストレスで身体が悲鳴あげているのです！　身体は正直なんです。」

そう医者に言われ、仕事をセーブすることを考えなければいけないのか、どうしよう、と思った。

「経営ですか、大変ですね。ストレスを抱えるなという方が無理かもしれない。やるしかないでしょう。後悔しないよう、思いっきり頑張ることですね。」

「ありがとうございます。」

そんな医者のひとことで、それからはふっ切れて身体のことに神経質にならずにいられた。

家族も変わった。夫は以前にもまして、家事・育児に協力的になった。「お前に任せていると子どもが不良になる」と言っては、色々やってくれる。部下を50人も抱える管理者でもあるのに、よく両立できるな、とこちらが感心させられる。男ばかり50人の部下を抱える管理者と現在はスタッフ2名を抱える経営者。仕事と家庭の悩みを共有し、ともに成長しあうよき理解者だ。

そして、子どもたちまで変わった。こちらが面倒見られなくなったぶん「ママに頼んでもダメだから」と思っているのだろう。自立傾向が著しい。生活者としても逞しくなった。

遠足に行けば〝商売繁盛〟や〝成功祈願〟のキーホルダーをお土産に買ってきてくれる。バースデー・カードには「ママお仕事頑張って」と書いてくれる。

周囲の見る目も少しずつ変わった。「女で話題性があるから、社内ベンチャーに合格したんですよ」と男性ばかりか、女性からも言われることがあった。確かに〝女性支援情報提供事業〟は女性だから企画できるのかもしれない。私はあるとき、親会社の某取締役に訊いたことがある。

「私は女性だから話題性があるということで合格したのでしょうか？」

「女性だからではなく、君自身に動かされたのだ。一生懸命な姿に男性も女性もない。男性であっても、女性の頑張っている姿には動かされるものだよ。それは女性だからではなく、人間として見ているんだよ。なんとかチャンスを与えたいと思ったんだ。」

そう答が返ってきた。そして私はさらにふっきれた。

起業は私を変えた。経営は自己改革でもあると思う。日々変わらなければいけないし、１日のうちに変化を要求されることもある。いかにじぶんをチェンジできるか、である。起業は家族も変えた。いつか私もチャンス・チェンジを求める人に、機会を提供できる立場になりたいと思う。

子どものいる自由

「自由がなくなるから、結婚もしたくないし、子どもも作りたくない。」

そんなことばを聞けば、きっと、

「そうよね。面倒くさいし」と応える人は多いだろう。

本当にそうだと思うし、そう答えても間違いとは言えない。

だけど、それがすべてかというと、そうでもない。ここが、面白いところで、人生の妙と言えなくもない。結婚しても子どもができても、さほど不自由ではないし、生活に広がりが出てくる。飲み会に出たくなければ、「夫が今日は早く帰宅するので……」とか「子どもの面倒をみなければいけないので……」といった口実で断ることができる。じつにカドがたたない。

また、家族が増えるとその分、物事の見方や考え方が広がるのも事実だ。例えば、私は夫と一緒になったおかげで海外に旅行する機会が増えた。オシャレも多様になった。

音楽の好みの幅も、仕事の仕方や遊び方も、生き方に関しても、様々な点で私の人生は自分ひとりのときより広がったと感じる。

子どもだってそうだ。子どもが小さいうちはレストランに行ってゆっくり食事もできないし、絵画展やコンサートにも行けない。けれど、おもちゃ売り場でレゴやバービー人形をチェックする楽しみは増えたし、ヒーローもののアニメで感動することだってある。一人では絶対行きそうにないところに行く機会や経験が、家族の分だけ増えるのだ。

結婚や子育てにもし不自由があるとしたら、それは夫との衝突を避けているからかもしれない。黙っているだけでは家庭に自由はやってこない。家庭でもやりたいことはまず言って理解を求めるべきだろう。

あなたに育児をまかせっきりの夫にも「少しゆっくりしたいから2時間ほど子どもを見ていてくれないかしら？」と言ってみたら、案外「いいよ」と言ってくれるかもしれない。「ヤダ」と言われると腹が立つけれど、とりあえず〝意思を伝えた〟という意味では大きな一歩。仕事と子育ての両立には、夫の協力が必要不可欠。「言ってもどうせ理解してもらえないから言うだけムダ」と思わずに、アタックしてみてはどうだろうか？

育児のために行動範囲やお付き合いが狭くなるのは、子どもが小さいうちのこと。小学校に入れば、短時間ならお留守番もできるようになる。家族でどこにでも旅行に行ける。子どもの小学校の関係でＰＴＡのママ友達やパパ友達もできるし、地域のスポーツ・サークルにだって参加できるようになる。地域の友達と飲み会に行くのも、職場とちがう顔ぶれで楽しい。子どもを介しての付き合いは思わぬ広がりをみせる。それで知りあった人たちが、また、別の人を紹介してくれる。ときには、そこからビジネスの話に発展することもあるのだ。

人は結婚して自由になり、子どもを産んでさらに自由になる。そんな気がするのは
私だけではないと思う。

インタヴュー　「出生率一・二九」時代の子育て支援

■どこかで挑戦したかったってことでしょうね

——今回の本は、出産からはじまっていて、結婚のお話がないのですが、最初に、越原さんにとっての結婚のメリット・デメリットについてうかがえたらと思います。

越原　私の場合、好きだから結婚する、という単純な理由ですね。たしかに、仕事を続けていく上で、もしかすると結婚はハンデになるかなと思いましたが、結婚した当初は、夫が帰ってきたら、「お帰りなさい。ごはんの用意できてるわよ」というのにあこがれました。でも不可能でしたね。それで、「仕事、やめちゃおうかなー」と言ってみたことがあるんですけど、夫はひとこと「働け」って（笑い）。

——それは、そういう人を選んだということですか。

越原　選んだ人がそういう人だった。きっと、そういう人じゃないと選んでなかったかもしれませんね。

——それから次に子どもを作る、作らないという選択がありますよね。人生って、ここで右に行くのか、左に行くのか選ばなくてはいけない局面って、イヤでもいくつかあるじゃないですか。仕事を選ぶとか、結婚相手を選ぶとか、結婚すればしたで、子どもを作るか作らないか。これ非常に大きな選択ですよね。越原さんの場合は、そんなときに、どうやって自分の背中を押しているのかなって思うのですが。

越原　そうですね。本にも書きましたが、やっぱり、社内でのつぎの異動が見えてきた時に、その先に、自分が子どもを産むチャンスがあるのかなって思ったんですね。5年後、10年後に、今よりも恵まれた子どもを産むためのチャンスがあるだろうか、と考えた時に、「ない」って読めたんですね。ですから「今しかない」という逆算ができたんです。

――でも、そのとき係長をなさっていましたよね。やはりそれはすごく大変なことですよね。

越原　大変なことですね。あとはどこかで挑戦したかったってことでしょうね。仕事をしながら子どもを育てている先輩がいるにはいたんですが、役職がなければルーティン化された業務の中で、夕方の5時、6時になると帰ることができる。しかし自分から企画を出して役職にもついている女性で、子育てしている人を見たことがなかったので、ほんとにできないものかどうか自分で試したいって思ったんですね。

■それを見ないのはもったいないと思うんですよ

――子どもも一番だけど、私のやりたい仕事も一番。一番がいくつあってもいいじゃない、という発想ですよね。非常に時代に対して先取り的な発想だと思います。

越原　そういう性格みたい（笑い）。ともかく、仕事と子育てが両立できないのは、どこに原因があるのかわからなかったんですよ。何でできないかが不思議で。それで自分でやってみたいって思いましたね。仕事の方は、キャリアを積んでも、ちゃんとできていくわけですよ。まあ、壁もあるんだろうけれども、それほど厚い壁っていう感じはしない。一方、子どもを産むと厚くて高い壁がひかえているというのがわかっている。だけどその壁のある道を行くと、大変だけど壁を超えたところで、変わった自分が必ずあるはずじゃないですか。それを見ないのはもったいないと思うんですよ。

――真っ直ぐに続いている道をそのまま行くのなら、行き先も見えているし、目的地もはっきりしている。道に迷うことはないですよね。ですけど、その平坦な道に子どもっていう分岐点を置いて、そこからどんな道が、どんな可能性がはじまるのか、あえて苦労を覚悟で見てみようという。非常に冒険心に富んだ……

越原　そうです。私はいつもそういう選択をしている気がしますね、あとから考えると。だから社内のベンチャー企画に応募しなければ、あるいはそれに合格しなければ、ちゃんとある程度の収入もあって、家にも早く帰れて、趣味の世界にも生きられるような、サラリーマンの人生があるわけなんですけれども、やっぱり壁があっても、その先に何か可能性があるんだったら、そちらの方に行ってみたい……。可能性を自分で作りたいということですね。違う自分に会える可能性みたいなものを積極的に作ろうというか。そのとても大きなひとつが、子どもの出産ということなんだと思います。ベンチャーに挑戦したのも、そういうことなんだという気がしますね。

■別に「負け組」とか「勝ち組」は意識していません

――世の中では、「負け犬」なんていうちょっとイヤなことばが一時期はやりましたね。越原さんの場合、仕事でもサクセスし、それからよきパートナーにも出会い、子どもにも恵まれるというので、その対極にある「勝ち犬」っていう感じが一見するんですけれども、越原さんの生き方をこの本で読んでくると、勝ち負けを越えたさわやかさがあって、成功しても当然じゃないかっていう感じがするんです。それはいわゆる「勝ち犬」の越原さんだからできたんだ、というのではなく、ある意味で、同じように行動しさえすれば多くの人にもできるのではないかという……。

越原　お答えになるかわからないですが、それはたぶん見方の問題で、「負け組」とか「勝ち組」とかって紙一重なんじゃないかしら。仕事をバリバリしていた人が、気がついてみると、仕事をやめて家庭を持って幸せそうにしている女性こそが、「勝ち組」だったかもしれないと思えてくる。それまでキャリアを維持してきた自分が「勝ち組」だと思っていたのに、急に「負け組」に見えてくる。たしかに子どもがいない時にはそれを感じましたね。「負け犬」ということばはなかったですけれど……。

――やはりそう感じられましたか。

越原　ええ、幸せそうにみえるわけですね、夫もいて、子どももいて。だからそうした側から見れば、私は「勝ち組」かもしれないけど、でも、やっぱりそれは違うと思いますね。お互い隣の芝生は青くみえる、のかなと思いますね。

――たしかに。越原さんは、キャリアダウンを自ら選ぶという体験をしているわけですからね。

越原　たしか、当時のニューヨークで、自ら脱落するっていうことばが流行ってまして、ちょうど私がキャリアダウンした時でした。上昇志向ではなく、みずからコース・アウトして、生活を豊かにするというような傾向がトレンドだったんですよ。まあ、だから、自分がそうした流行に乗ってキャリアダウンしたわけではないんですけど、そういう生き方もやはりあるのだと思いました。それで、私はベンチャーに応募して、こういう形で実践してくるとやっぱり普通じゃない、と思われたりするわけですが、本人にとっては、別に「負け組」とか「勝ち組」は意識していませんし、自分も変わってないんです。というのは、私にはまだまだその先に、挑戦すべきものがあって、今は事業を軌道にのせなくちゃいけないし、子どもをちゃんと育てなくちゃいけない。課題が山積しているわけですよ。その中にいますから、自分は成功したというふうに思ってないですね。家に帰れば、当たり前に「ママだめじゃない」とか子どもに言われますし、お母さん方と話をすれば、私なんていろんな生活の知恵も不充分だなと実感しますし、普通ですね。

■私の中では、今、ONとOFFは一緒なんですよ

——今、「普通」ということばを使われましたが、本の中にも社長表彰をもらうくだりで、「普通の主婦の立場」から云々という文言に、これだけ一線で働いているのに「普通の主婦」というのはありえないだろう、とクレームがついた話が紹介されていましたね。でも、職場で働いている人間も、そこを離れれば主婦であったり、主夫

だったり、お母さんだったり、お父さんだったり、いろんな姿があるわけですよね。そういう多元的なあり方を、これまで日本の多くの企業は視野に入れてこなかった。

越原　はい、はい。

——その点、越原さんは柔軟だった。

越原　今までは、職場を中心にONとOFFという切り換えがあったわけですね。出社してから6時までではON、残業があれば9時まではON。そのあとは、プライベートでOFFと。でも、私の中では、今、ONとOFFは一緒なんですよ。

——それでも、ストレスを抱え込まないのですか？　同じような状況を経験してても、ストレスとして抱え込む方もいるような気がします。何かそのあたりのヒントみたいなものがあれば……。

越原　好奇心ですかね。何か面白いことはないかなって、ふだんから目が行ってしまう。そしてそこからアイデアがでてくる。ＰＴＡに参加していてもここにビジネスチャンスがあると思っちゃうんですよね。美容院に行けば、こういうサービスがありうるとか。

そういうことを考えるのが好きなんですよ。観察するのもね。だから一人でボーとしていても、全然平気ですし、緑の草花をみていても、これも息してるんだなとか、素朴に感心しています。

――でも、それって、案外むずかしいことですよね。頭ではわかっていても。

越原　私も、家に帰ってきたのになんで仕事をしなくちゃいけないのって、最初の頃はよく思いましたね。それがなぜ変わったかというと、やっぱり、企画書を作るようになって、どうしたらその企画書が通るか考えていると、仕事なのに仕事を越えている部分があって、ストレスじゃなくなるわけですよ。そうやっていると、こんどは、どういう企画書を作ろうかっていうところまで行っちゃうんですね。

■単に子育てする母親を支援するのじゃなくて

――越原さんがキャリアダウンしていた時に、地域のPTAと交流しながら、主婦の情報力に助けられるところがありましたが……。

越原　いっぱい教えられましたね。本当に。

――ところで最近の資料によると、25歳から40歳までの女性ですが、結婚あるいは出産して仕事をやめる方が、ほぼ80パーセントにものぼるという数字がでています。つまり主婦ってひとことで言いますが、そこにはさまざまな能力を持った人的ソフトがしまいこまれている。そうした方々が、家庭や子育てに専念するということの意味はとても大きいと思うのですが、一方で、その人たちをもっと活かす社会があってもよいのではないか……。そのへん越原さんはどうお考えですか？

越原　たしかに、すごく情報力を持っている方たちがいて、その情報力を、具体的に、誰かに知らせる、伝える手段がないんだろうと思うんですね。それを提供する機会というのは「ダブルスクエア」がやっていくべきことですし、あるいは行政サイドがそれを行うのを、私たちがアシストする。そういうかたちになると思います。これまでは、リサーチというような形で、主婦をターゲットに何かをしたいということであれば、主婦の方10人とか20人を集めてモニターとして参加してもらい情報を得ることが多いのですが、あれって、しばしば企業が持っていきたい方向に司会者などがまとめていくことがあるんですよね。ですからそんなふうに作成されたレポートが、企業側のほしい情報となっているのか、とても疑問だと思います。で、これからは、主婦の方が、自ら考えたことを企業側に直接提案できるようにその橋渡しをしたいと思いますね。

――わたしもそれをすごく期待しています。

越原 ありがとうございます。行政側にも、いろいろ、提案したいと思っています。いま、行政側でも、サービスということになると、子育ての支援ということになるのですが、単に子育てする母親を支援するのじゃなくて、母親がやがて社会や仕事に復帰するところまでもぜひ支援したいと思っています。

■子どもを持っている女性を育てようとはしないんです

――子育てで仕事を離れても、それですべてが切れたわけではなく、そういうプロセスにあるということですよね。人生、どこからでもリヴァーシブルだという……。

越原　その点でもうひとつ、いつも問題になるのですが、一般的に職場では女性は育成される機会が少ないんですよ。それぞれ組織としては配慮がなされているのでしょうけれど。

――育成されないのですか？

越原　育成というのは、例えばパワーポイントの扱い一つとってもそうですし、企画提案の場がなかなか与えられないんですよ。

――最初から？

越原　最初から。若い女性には、若い男性と同様のチャンスは与えられるんだけれども、ある程度、年を重ねてしまうと、自分から学ぼうとしないかぎり……。どうしても無意識のうちに男性は男性の部下を育てようとするんですよ。

――それは変ですよね。

越原　女性を育てようとしても、子どもを持っている女性を育てようとはしないんですね。

——男が多い組織では、それを疑わないんですね。

越原　疑わないですね。それで、その積み重ねなんですよ。だから、女性が、さあ、一人で何かしてみようと思った時に男性と同様にできないことがでてくる。でもそれは、彼女たちができないんじゃなくて、そういう訓練を受けなかっただけだと思いますね。

——そのことと関係してるんですけど、いわゆる男女機会均等法以降ですね、権利としては女性も男性と同じように働けるとうたわれていますけれど、じっさいに、女性の場合、総合職と一般職で、総合職を選ぶ女性が案外少ないっていう現状がありますよね。総合職ということは、男性に伍して、会社でやるぞという意思表示ですよね。だから、そういう女性はたぶん男と同じように、いろんな訓練も受けるだろうし、機会もあるけれど、一方で、一般職でいいと思ってしまう女性も根強くいるっていうことですね。そのあたりどうお考えですか?

越原　残念に思いますね。私がいわゆるオペレーターをやっていて、営業職に出たいと言った時も、周りの女性の人たちが、まあ、先輩なのですが、「そんなことしてどうするの、いいことなんかないわよ」とか、「あなたね、ここ出たって大変なだけなのよ」って。おそらくいままでも、一般職から総合職に転換しようとしている女性がいたとしても、「総合職なんて大変よね」って言われてしまうと思うんですよね。

——それ、つらいですね。しかも、同性から言われるわけですから。でも、「あそこに行くとたいへんよ！」と言った先輩たちがそれを経験したわけじゃないんですよね。

越原　ええ、ないんですよ。

■組織の中にいた時は、自分を男性化させているんですね

——ところで、ジェンダー的な見方からいって、どうなんですか？

越原　仕事では、男女平等といいながら、例えば飲み会の席では、やっぱり女性が一

生懸命動くわけですよね。あっ、ビールがなくなっちゃった、とか。女性なら気がつく、つかないといけないっていうとこがあるじゃないですか。

――ええ、ええ。まだまだ男社会ですからね。

越原　女性としても、「あいつはまったく女じゃないよな」なんてうしろ指をさされないようにするためには、まあ、女性らしさも失わずに男性とも互角にやろうということですから、かなりの負担だと思いますね。「女性らしく」という言い方はいけないんですけども、フェミニティーを保っていながら、さらに男性と同じように残業もしなくちゃいけないというのは、じつに大変です。

――建前としては、ジェンダーフリーということで、男女の役割分担とか、あらかじめ男はこうだ、女はこうだという決められたものから逃れようっていうのは、コンセンサスとしては持っていても、実際、集団で動き出すと、なかなかそこが変わらない、ということですね。そういう意味では、越原さんが立ち上げた、この働きながら子育てする女性を支援する情報提供サービスには、そうした現状を変えていく芽のような可能性があると思うんです。

越原　ありがとうございます。やはり、女性の背中を後押しできるような仕事をしたいと思っているわけです。5時以降も仕事をしないと男性には追いつかない、だけど私には子どもがいる、と悩んでいる女性に対して。

――そういう意味では、男女の平等って、まだまだ実現されてないですよね。後輩の女子学生の中にこんなことを言う子がいて、ちょっと面白いと思ったんです。その娘《こ》によれば、現在、むしろ男女平等が実現されていないからこそ、ちょと気の利く女子にとっては非常にチャンスだと言うんです。たとえば、今の会社の中で、男の人が、越原さんのように振る舞うことは権利上できるのですけれど、それを男がやろうとするときには女性以上のプレッシャーがかかるし、かけられる。提案した企画が通っても、やっかまれるし、通らなかったら能力を疑われる。その時に、男性社会で男であるゆえの〝しばり〟が非常に強くはたらくと言うんですね。で、その女子学生が言うには、そういう男の〝しばり〟の中で男女の差はあるんだけれど、女の子はいくら失敗しても、逆にそれは女だからっていうことで解消できるしそんなにマイナスにはならない。むしろ男の人が考えないようなことを提案できて、じつはいま、女性のほうがすごく得なんだって言うんですね。一理あるな、と妙に納得してしまいました。逆説的ですが、むしろ男女の差があるほうが、自分の価値を効果的に出せるっていうことなんですね。

越原　そうですね。

――越原さんの場合にも、ある意味で、そうした女性であることの差を活かすというか、それはそのままだとデメリットかもしれないけれど、裏返すとメリットになる、という状況があるんじゃないかと思ったのですが、いかがですか。

越原　やはり女性と男性は違うよなって思うんですよ。男性は組織の中で生きるのが適切というか。で、女性はその組織の枠をあまり気にしない。

――組織にいても、もっと外の部分を持っているし、ずっと自由ですよね。

越原　それは、男女平等が実現されても、特質として残っているような気がするんですよ。ただし、私が組織の中にいた時は、自分を男性化させてるんですね。男性化させて、男性社会の枠にはめてるんですよ。

――それは強く意識なさいました?

越原 意識してました。枠からはみ出してはいけないとか、レールからはずれてはいけないとか。それでも、はずれることを怖いと思わないのは、やはり男性より女性のほうが多いですね。「何とでもなるさ」という……。

――そこの強さが……

越原 女性にはずっと残ると思いますね。子どもを産む性だっていうことと関係あるかどうかわからないけど。

――そのことに気づいた女性は、今、逆にものすごく可能性が開かれてくるように思います。そのことを、さっきの後輩が、若くして気づいていることに、少し上の世代のわたしなんか、驚いてしまったんです。

越原 そう思いますね。だから女性と男性の性が違う、生きものとしても違うんだと思ってしまえばいいんですよ。男性の組織に入るのだから、女性も男性化させないといけないというのは、大変くるしいものがあると思いますね。

■私は女性の危機ということも考えるんですよ

——ええ。これが例えば10年とか20年経った時点から見ると、そうした男性化したままの社会や会社というものが持ちこたえられなくなるかもしれない……。

越原 ええ、もうくずれはじめていると思いますね。

——そのような流れは、すでに世界的になっているし、日本でもだんだんあらわになってますよね。そうした変化をもっとも早く敏感に受けとめられるのが、やはり働く女性を支援する仕事だと思うのですが。

越原 そうですね。男性の社会も今までとはちょっと違ってきてますし、そこに女性の数が増えると、やはり変わってきています。5年後にはだいぶ変わっていると思うんですけど。例えば、私は女性だからこういう提案をしているわけなんですが、では私が男性だったらどうなのかというと、やっぱり同じ視点を持っていると思うんです。もちろん男性からの提案も今後はでてくると思います。そういう意味では、女性だから、男性だからってあまり考えないっていう部分が私にはありますね。それからもうひとつ、最近になって感じるのは、いま、女性が有利ということもあるんですけれども、私は女性の危機ということも考えるんですよ。それは、妊娠・出産・育児にかかわる制度が、だんだん整ってきて、社会でもそれを応援するようなサービスが充実してきているにもかかわらず、妊娠したから、出産したからっていう理由で仕事をやめる人が依然として多かった場合にですね、それをバックアップしようとしても、どうにも……。

——女性自身が動かないんじゃないか、と。

越原　やめたがっているんじゃないかと。

——それはつらいことですね。さっきの総合職と一般職の話で、女性の場合、機会均等法以降も一般職が依然として多いということとどこかでつながると思いますけれど、やはり、一歩を踏み出せるようなところまで、誘い込むというか後押ししなきゃいけないって、ちょっぴり情けないですよね。

越原　そうですね。そこが危機だって感じているのがひとつと、あとは〝戦う〟というとイメージとして悪いんですけれども、やはり子どもを育てながら生活しようとすると、家庭の中でもそれなりに調整を計らなくちゃいけなくて、それは家庭の中でも戦いがあるわけですよ。私の場合にしても、夫が最初から起業していいよ、自由にやっていいよ、夜遅くていいよ、と言ってくれてるわけじゃなくて、ちょっとずつ説得していかないと、自分のやりたいようにはできないし、もちろん自分が頑張らないと家族も説得できない。それなりの覚悟はいると思うんです。女性もやっぱりそれなりの覚悟をして、道を選択して。だからある意味で〝戦い〟だと思いますね。

■一・〇を割ってるんですか？

――今年（二〇〇四年）発表された出生率の平均が一・二九という数字があります

ね。政治家たちは年金の基本計算がずれてしまったことしか騒ぎませんが、たしかフランスだったかイギリスだったかの研究者が、民族的な自殺ラインという数値を設定していて、一・二九という数字は、人口の減り方の危機的なカーブを超えて、ひとつの民族が消滅に向かう減少率にすでに入っているんですね。そのくらい危機的な状況で、しかも、東京だけの数値を出すと、一・〇を割っている……。

越原　一・〇を割ってるんですか?

――ええ、割ってるんです。非常に危機的で、ただ、まあ子育てというのは、ものすごく労力がいることですし、今の適齢世代は、育つ時にバブル経済の恩恵のもとにあって、自分の労力に対して見える形ですぐに見返りがないような、対価のない行為については反応しない。でも子育てママって、見方をかえないかぎり、自分の費やした時間とか諸々がすぐには見えてこない局面ってあるじゃないですか。ですからこの傾向はますます強まるでしょうし、結果、少子化はさらに進むと思います。やはりそこで、女性に対して働きながら子育てするための情報を提供する際、単にハード面ではない部分が重要になってくるように思うんですけれど。

越原　そうですね。本当に子どもが0歳とか1歳の時は大変ですよね。私の場合、2歳と0歳をかかえていたときに、みんなに両立を推奨できたかというとそれはできなかったですね。でも、5年たち、10年たつと、やっぱり産んでてよかったと思うわけです。苦労しないとその先の幸せはつかめないと思いますし、子どもは小さいうちは苦労かもしれないけれど、絶対に幸せを感じさせてくれる生きものでもありますね。

――　例えば、自分の20年後の姿を想像して、その時に一人でいるとか、結婚した相手といるとか、そこに子どもが何人かいるとか、そんな姿を想像するってことも、自分を自分で後押しする助けになる。自分がこのままいけば見えてくる姿に、あえてそうじゃない姿を持ち込んでみるとか、そういう積極性とも関係しますね。

越原　自分がこの先、あと何年生きられるかわからないですから、やっぱり後悔しないように生きたいと思いますね。人間として生きてきたからには、何もない人生を選ぶのではなくて、苦しみもあるのは致し方ないけど、楽しみも幸せも、自分でつかむべきだと思いますよね。

■彼らと一緒に私も成長したかった

――越原さんの場合、親御《おやご》さんが手伝ってくれる状況ではなくて、ご夫婦だけで子育てをなさった。これはお二人ともそれぞれ職業を持ちながらの子育てで、非常に大変だったと思うんですけれども、これから親も、つまり、おじいちゃんおばあちゃんも気の若い世代が登場してきて、自分たちにまだまだ興味を持っていますから、かならずしも自分の孫の子育てに協力してくれるとは限らない。つまり夫婦だけで育てていくケースが増えていく。そういう若い人たちに、何かいいヒントがあったら、ちょっとうかがいたいと思うのですが。

越原　私は親の人生にまで立ち入ろうとは、思っていないんですよ。親は親で幸せになってほしくて、私の苦労の分まで押しつけようと思っていないんですね。私は小さい時から〝一人で生きろ〟っていうふうに育てられましたから。それで、基本的には、利用できるものは利用したほうがいいんじゃないですかって言いたい反面、やっぱり親としての幸せも味わわせてあげたいですけれども、何と言うのかな、苦労はあまりさせたくないですね、親に……。

―― だから、というわけではないでしょうけど、仕事と子育てのはざまで、キャリアダウンを選ばれましたよね。それはやはり人生でというか生き方としても重要な決断をなさったと思うわけですが、そのあたりのことをうかがえたらと思います。その時のお気持ちも含めて。

越原 はい。前の質問にひきつづいていますけれど、おばあちゃんおじいちゃんに子どもを預けっぱなしでいるお友達もいたんですけど、私の場合、子どもたちの成長をこの目で見たかったんですよ。もったいないじゃないですか。寝返りをうったところを人に最初に見せちゃうなんて。だから彼らを二人で育てるのもいいなと思ったんです。実家に預けっぱなしで仕事をしてもいいわよ、と言われたんですけど、そこは選択しなかったですね。彼らと一緒に私も成長したかった。

――大変だけれど、欲張りでもあった。

越原　そうですね、はい（笑い）。それでキャリアダウンの話ですよね。私は、キャリアダウンしたことが絶対に仕事によいふうに影響してくると思うんですよ。みんな生活する道具を生産したり、生活に必要なサービスを提供しているわけじゃないですか、世の中というか会社というのは。だから、たとえキャリアダウンしたとしても、あるいは3時間勤務、4時間勤務にしたとしても、生活する時間は多くなるんです。だったら、その増えた時間で感じ取ったものを、会社に戻せばいいだけだと思うんです。

■だから、勇気をもって戦おうと……

――そうしたことを許すような社会や会社が広がるといいですね。これからは、いままで以上、そうしたある意味で女性を活かしてくれるような会社や組織であるかどうかが非常に重要になりますよね。で、そのことに女も男も会社自身も早く気づくべきだし、それを気づかせようとして、女性関係のさまざまな情報を束ねようっていう、越原さんのお仕事の重要性も増すと思います。若い、これから職業を選ぼうという人たちにも、自分の力を信じて転職しようとする人にも、そういうところを賢く選んでほしいですね。それがひとつの大きな世の中の流れになるように。

越原　たしか厚生労働省でしたか、経済産業省でしたか、去年のデータによりますと、女性社員がある程度いたほうが、生産性が高くなり、利益に結びつくらしいんですよ。女性を受け入れる企業風土があるということは、多様性を受け入れられるということで、活性化できるんですね、組織が。ですから、そういうふうな形でも企業が変わっていけばいいなと思っています。企業が自然に変わってくれるのを待つというのもいいんですけど、やはり女性たちも声を出していかないと……。で、女性たちが声を出すっていうことは、女性にだって力があるんだよ、ということを認めさせるだけではなく、企業を変えることだと思っているんです。

——そうですね。企業が変われば、社会も変わるし、子育ての形や、何もかも全部変ってきますよね。

越原　なので、それは後に結びつく声であって、今現在は打たれるかもしれないですよ。だけど長い目でみると、必ず声をあげたことは間違いではなくて、声を発することによって、必ず周りも変る可能性がある。だから、勇気をもって戦おうと……。

まあことばはちょっと強いですけどね。

■仕組みじたいを変えてしまおうと思っているんです

——それからもうひとつ。女性にこうした情報を与えるというのは、ある意味で福祉的というか、社会の多くの方へのプラスを提供しますよね。ただ、一方で企業活動ですから、それを提供することによって、利益を生まなきゃいけない。そうした福祉的な部分と企業活動的な部分があって、そのへんのバランスはどうですか、ご自身の中で。

越原　えー。今はすでに、その悩みは解消しているんですけど、最近までそのことは考えていました。やさしさと営利を追求するということは、やっぱり矛盾してるんですよ。それなので、自分の心の中でも葛藤があるんですね。でも、それはバランスをとることを学習すれば、その先に行けると思っているんです。知恵を出せば、何とかなるんじゃないかなと思いますね。事業として夢見ていることはあるんですけど、今、さしあたって収益を生まなくてはいけないので、企業向けの妊娠・出産・育児・介護のコンテンツの営業に励んでいます。現在は行動計画を来年（二〇〇五年）３月までに策定しなくてはいけないという風が企業体に吹いているんで、それを追い風にして……。

――法律によってですね。何という法律でしたっけ。

越原　次世代育児支援対策推進法です。もちろん、つぎのステップも考えています。女性がひとり悩むのではなくて、会社や行政も巻き込んで、もちろん女性も男性もふくめて、女性が子育てと仕事を両立できる仕組みを構築したいんですよ。お互い理解しあえなくて誤解を生んでいたところを、ウエブというシステム、あるいは紙媒体でもいいんですけど、コンテンツを提供することによって、仕組みじたいを変えてしまおうと、それをしたいと思っているんです。

――とても楽しみです、越原さんの今後の展開とご活躍から目が離せないですね。

越原　ありがとうございます。

（インタヴュー・構成　マキノ・ミドリコ）

資料（1）

<table>
<tr><th colspan="3">情　報</th></tr>
<tr><td rowspan="2">法律</td><td colspan="2">母性保護の法律と制度</td></tr>
<tr><td>妊産婦等に係わる危険有害業務の就業制限
産前６週間、産後８週間の休暇
妊産婦に対する時間外労働・休日労働・深夜業の制限
育児時間
生理休暇
募集・採用に係わる差別の禁止
配置、昇進・教育訓練に係わる差別の禁止
妊娠・出産したことによる解雇の禁止
妊娠中・出産後の健康管理措置
育児休業
育児のための時間外労働の制限
育児のための深夜業の制限
育児のための勤務時間短縮等の措置
子の看護のための休暇の措置</td><td>労働基準法第 64 条
労働基準法第 65 条
労働基準法第 66 条
労働基準法第 67 条
労働基準法第 68 条
男女雇用機会均等法第５条
男女雇用機会均等法第６条
男女雇用機会均等法第８条
男女雇用機会均等法第 22 条・23 条
育児・介護休業法第５～10 条
育児・介護休業法第 17 条
育児・介護休業法第 19 条
育児・介護休業法第 23 条
育児・介護休業法第 25 条</td></tr>
<tr><td rowspan="9">保育</td><td colspan="2">保育情報</td></tr>
<tr><td>公立保育所</td><td>認可保育所は児童福祉法に基づく児童福祉施設。施設の広さ、保育士の数、給食設備などの一定基準をクリアして認可された保育所です。保護者が仕事や病気などの理由で、０歳～小学校就学前の子どもの保育ができない場合に、子どもを預かって保育します。地方自治体が運営している保育所です。</td></tr>
<tr><td>認可の私立保育所</td><td>社会福祉法人などが運営する保育所（私立）があり、認可保育所は公費により運営されています。</td></tr>
<tr><td>家庭福祉員（保育ママ）</td><td>地方自治体で行っている事業であるため、各自治体によってその内容はまちまちですが、一般的には、３歳以下の子どもを３人以内、自宅で預かる制度です。</td></tr>
<tr><td>認可外保育所</td><td>認可外保育施設は、子どもを預かる施設であって認可保育所ではないものを総称して呼んでいるもので、その種類などは様々です。中には、自治体から補助を受けている施設もありますが、全体として、その運営や設備などは、園によって異なります。</td></tr>
<tr><td>事業所内託児施設</td><td>保護者の勤務する企業や病院などの事業所が運営し、職場内またはすぐ近くにある施設です。</td></tr>
<tr><td>ベビーシッター派遣会社</td><td>ベビーシッター派遣会社に申し込むと、シッターが依頼者の家庭に派遣され、保育をしてくれます。保育所の送迎、早朝や深夜の保育など、各家庭の都合に応じた利用ができます。看護士の資格をもつベッビーシッターなら、子どもが病気の時でも預かってくれます。</td></tr>
<tr><td>ファミリーサポートシステム</td><td>育児援助を受けたい人と援助を行いたい人が会員となり、相互援助を行うしくみです。保育所への送り迎え、保育所開所時間前後の保育、病後児保育などに利用されることが多く、設立．運営は地方自治体。会員希望者はセンターに申し込み、保育希望者は講習会に参加して承認を受けます。原則として保育者の自宅で保育してくれます。</td></tr>
<tr><td>保育サポーター</td><td>財団法人 21 世紀職業財団の行う保育サポーター養成講座を終了した人が、保育所への送迎など、育児のお手伝いをします。</td></tr>
</table>

資料（2）

サイト名／URL	情報内容
フレーフレーネット http://www.2020net.jp/	ファミリーサポートセンター情報 保育サポータの紹介・その他保育情報 ベビーシッター会社情報 保育所・認可外保育所情報 保育相談窓口情報 子育て支援センター 幼稚園情報 学童保育担当窓口情報 再就職準備情報
ｉ-子育てネット http://www.i-kosodate.net/index.html	保育所情報 病後児保育施設情報 放課後児童クラブ情報 子育て情報 イベント情報
厚生労働省 http://www.mhlw.go.jp	労働相談 各種データ 求人情報
21 世紀職業財団 http://www.jiwe.or.jp/	働く女性の法律・制度情報 両立支援情報 セミナー開催
女性と仕事の未来館 http://www.miraikan.go.jp/	セミナー（起業・キャリアアップ）開催 相談 ライブラリー イベント・展示開催 女性ネットワーク
内閣府男女共同参画局 http://www.gender.go.jp/	男女共同参画情報 男女共同参画白書・統計 各種用語
チャレンジサイト http://www.gender.go.jp/e-challenge/	キャリアアップ・起業・ボランティア その他
ヌエック http://www.nwec.jp/	女性情報データベース 調査・報告書 施設利用 研修・イベント開催情報 子育てネットワーク

資料（3）　妊娠・出産・育児に関する制度

各種制度	申請先	内　容
妊娠届	自治体	届出により母子手帳が交付されます。
妊婦健康診査	自治体	公費により無料または一部費用負担で健診・検査が受けられます。
妊婦の保健指導	自治体	保健所等で保健指導が無料で受けられます。
妊婦の通勤緩和	自治体	通勤ラッシュを避けるために時差通勤・短縮勤務が申請できます。
病気（つわり）休暇	自治体	医師から指導を受けた場合につわり休暇が申請できます。
産前・産後休暇	自治体	産前 42 日、産後 56 日まで休暇が取得できます。
出産手当金	健康保険・共済組合	出産休暇が無給の場合に申請により標準報酬の 6 割が支給されます。
出生届	自治体	生まれた日を含め、14 日以内に届出が必要です。
出生通知票	保健所・保険センター	提出により、新生児の訪問指導・乳幼児健診が受けられます。
出産育児一時金	健康保険・共済組合	妊娠 85 日以上の出産に関して 30 万円支給されます。
出産育児附加金	健康保険・共済組合	妊娠 85 日以上の出産に関して 2 万円支給されます。
勤務時間短縮	勤務先	子どもが満 3 歳になるまで勤務時間を短縮することができます。
扶養手当	勤務先	扶養家族が増えることで支給されます。
育児休業基本給付金	勤務先	休業中に休業前給与の 3 割が給付金として支給されます。
育児休業者職場復帰給付金	勤務先	職場復帰 6 か月後に休業前給与の 1 割が支給されます。
育児休業	勤務先	申請により、子どもが満 1 歳に達するまで休業できます。
育児時間	勤務先	子どもが満 1 歳になるまで 1 日 2 回 30 分の育児時間が取れます。
児童手当	自治体	一人につき月 5 千円が支給されます。所得制限があります。
医療費控除	税務署	妊婦健診費用や出産費も医療費控除の対象となります。
乳幼児医療費助成	自治体	乳幼児にかかった医療費を自治体が援助してくれます。

※勤務先や自治体により制度がない場合や、内容の異なる場合があります。
※資料はすべて 2004 年 10 月現在のもの。

あとがき

果たして私に本が書けるのだろうか？　執筆の依頼があった時、正直いって自信はなかった。時々、自身の思いを整理するためにノートに書き込むことはあったし、折々の感情を記録することはあったが、あくまでも自分のためであり、人に読んでもらうことに耐えうる文章が書けるとは考えていなかった。以前母から「あなたのおばあさんは若いとき、作家になりたくて家出をしたらしいよ」と聞いたことがあった。自分に自信がないことは別にして、祖母の夢を間接的に実現するチャンスが与えられたことは、とてもうれしかった。働く母親《ワーキング・マザー》のバックアップを、本書の執筆によって少しでも叶えられればと思った。

執筆は主に通勤電車の中で行った。シグマリオンⅢ（ＰＤＡ）に入力して原稿を作る。締め切りが迫った週末は、家事や育児の合間に買物に立ち寄ったダイエーやミスタードーナツでも執筆を行った。ちなみにこの「あとがき」はキッチンで書いている。

今は明け方の5時、テレビではアテネオリンピックのライブを放映している。

世の中では、男女共同参画が推進されている一方で、少子高齢化が進行している。あと数年も経てば、企業の従業員の女性比率はさらに上がり、同時に、働く母親の数や女性役員の数も増えているだろう。主役は私たち女性である。それは、女性の真価が問われる時期でもある。私たちは次代を担う子どもたちの育成者であることを意識しつつ、仕事と生活のバランスをとりながら豊かな人生を送りたい。

ここまでの私は色々な人に支えられてきた。何の力もない発展途上の私にチャンスを与えてくださった勇敢な方々に、そしてNTTドコモにあらためて感謝いたします。

ちょうど、事業が多忙なこととも重なって、なかなか原稿が予定どおりに仕上がらず、この本を企画・プロデュースしてくれた芳川さんにご心配をおかけしたが、何とか完成することができた。この場を借りて感謝すると同時に、このような本をつくってくださった早美出版社の山崎さんをはじめ、スタッフの方々に心より感謝いたします。おまけに、私の描いたスケッチを挿し絵にまで使っていただいて。

そして最後に、夫と子どもたちに「あ・り・が・と・う」。これからもヨロシクね。

二〇〇四年八月二四日

著者略歴

越原市美（こしはら・いちみ）1977年富山県の高校を卒業後、電電公社（現NTT）に入社。オペレーター、料金収納・販売業務を経て、25歳で結婚。33歳で分社にともないドコモに異動、ネットワーク・端末の保守運営等の業務に就く。同年、長男を出産し、2年後に次男を出産。36歳で子育てのための短縮勤務を選択し、キャリアダウンを経験。2003年3月、社内起業の企画が採用され、働く女性の仕事と家庭・出産・育児の両立を支援するダブルスクエアを設立。社長となり、自らも子育てと仕事の両立を実践しながら、支援情報の提供と発信に携わる。
http://www.double-square.com

装幀
緒方修一

表紙絵
両口和史

ノン・キャリアからの
子育て社長術

二〇〇四年十一月二五日　第一刷発行

著　者　越原市美

発行者　山﨑雅昭
発行所　早美出版社
東京都新宿区早稲田町八〇番地
〒一六二－〇〇四二
電話　〇三－三二〇三－七二五一
URL : http//sobi-shuppansha.com

印刷所　倉敷印刷株式会社
製本所　有限会社壺屋製本所

ISBN4-86042-024-1